新時代全球大局，
你的留學思維、
選擇與職涯規劃

陳珊貝 Beryl Chen —— 著

謝宇程、洪孟樊 —— 撰文

各界人士熱情推薦（依姓名筆劃排列）

從小學、國中、高中、大學、碩博士約二十餘年，是求學黃金時期，家長們都竭盡心力在尋求一所適合孩子的學習環境，國內挑學區、國外找名校，是家長們共同的課題與難題。

陳珊貝博士早期負笈國外留學，畢業後從事國外留學諮詢及服務，深知學子及家長不易探知國外留學完整資訊的苦惱，因此彙整歐、美、英、日⋯⋯等世界各國的留學法規、學制、課程、時機、申請、環境、生活、職涯規劃⋯⋯等，撰寫成《新時代全球大局，你的留學思維、選擇與職涯規劃》新書，對欲往國外留學的家長們提供具體資訊，實為一冊內容豐富的留學寶典。

——天主教私立實仁小學校長 王澤瑜

從學業變成了事業，珊貝將自身多年留學和工作的經驗用文字描述出來，身為一個沒有出國念過書的媽媽，要把孩子送到國外唸大學，這一路也有很多的掙扎，去澳洲、荷蘭還是美國啊？要唸什麼好？相信透過這本書籍可以讓曾經跟我一樣迷惘的家長對留學這件事有更深入地暸解。

——中國醫藥大學兒童醫院兒童神經科主治醫師 張鈺孜

　　台灣是個島嶼型國家，為了增加國際視野、接受多元文化教育及語言學習，許多學生或家長會幫助孩子選擇出國留學這條路。市場上有許多留學中心提供留學諮詢服務，但少有以導師顧問模式，用心客製化規劃留學的顧問，不但可以提供全球教育留學趨勢、不同國家教育系統資訊，並且給予留學者客製化服務，幫助留學者了解自己的性格與志向，甚至留學畢業後求職就業方向規劃、給予生活上的協助與指引、申請工作簽證、執照、居留、移民等等協助，留學顧問能為留學者指引一盞明燈，但專業留學導師顧問能為留學者開啟另一扇通往世界捷徑之門，讓更多學生找到更適合自己理想的學校、學習環境，甚至是理想事業方向與生活環境。

——臺北市私立奧爾仕幼兒園園長　黃小洋

　　盲目地依賴「留學」，而且錯把留學當作鍍金或改變人生的方式，是許多父母的誤區。

　　身為一個當年曾在巴黎的交換學生，現在成為母親之後，回想起來那時大學的我初來乍到巴黎的驚慌與不安。學校的教育方式和學生的學習態度與台灣有極大不同，文化差異和生活習慣的挑戰，都是無法避免的衝擊。

　　在這個異國學習過程中，一個好的留學顧問，比起單純思考學歷，或選擇名校，我認為應該更加著眼理解學生的興趣與專業

科目需求，才能引領孩子銜接未來人生的規劃與意義。如果年少的我有這本書，或許我可以更早找到自己人生的方向和意義。

如今，作為一個實驗教育高中生的母親，讓孩子多加嘗試自身的興趣和強化熱忱與發展，鼓勵他主動認識大學、科系與科目的差別，瞭解未來可能想從事發展的工作，才能真正延續孩子學業、專業、工作的連貫性。

認識珊貝多年，她是我們家庭亦師亦友的存在，我深刻了解她對留學領域的熱忱與專業。強烈推薦此書，給考慮留學教育的學生或家長們！

——歐洲古董飾品專家、藏香經典首飾創始人 Anne Lai

結束多年英國求學生活，剛回國時有諸多不適應。Beryl 總是很有耐心，聆聽我的煩惱、陪著我發想一些可能。

認識 Beryl 蠻多年的，覺得她是很專業、很值得信任的顧問。在她面前，好像所有夢想都是可以達成的！

同為甜點愛好者，除了美食外，我們會彼此分享發現的甜點課程。她告訴我：「你有營養、食品加工的專業知識，缺乏的是實戰經驗。製作甜點過程很有成就感，但會是一份很辛苦的工作。不過，只要下定決心，萬事皆有可能！」

深思熟慮後，在家人的支持下，我決定再出發去法國「藍帶廚藝學校」學習甜點，順利進入五星級飯店甜點部門實習。

這些經驗，對於我日後返台，進入 RAW、CJSJ 等知名店家擔任甜點師都是相當大的幫助。現在，我開始發展自己的品牌「TELAPA」，也很感謝 Beryl 一路對我的鼓勵與支持！

——法式甜點品牌 TELAPA 創辦人 Tiffany Lee

如果可以選擇，大家心中應該都有個留學夢吧？想展開雙翼盡情體驗這世界。

身為一位老師，我總是鼓勵學生多走走看看，打開眼界，增廣見聞，讓視野和心胸都能更加開朗、豁達。

身為一位母親，我也期許我的孩子能永遠好奇、探索世界、認識自我、培養自己的專長與興趣。

世界這麼大，除了攻讀學位之外，只要有心學習，願意勇敢嘗試，就會發現更精彩的人生。但去哪個國家最適合，需要準備些什麼，若能獲得專業的協助，或可打破原來的思維，更順利、更準確的前進。

每個人的心中都有個孩子，願每個孩子都是春天，在最適合的學習環境中，花開燦爛。

——知名日本美食旅遊部落客 Vivian Chiu

無論你是想發展國際職涯的職場新鮮人，還是嚮往國外的學術風氣的在學學生，或者你是想讓孩子贏在起跑點的家長，這本

書提供讀者留學規劃的全方位指南，絕對能給你最充足的資訊。

——暢銷作家、職涯教練 讀者太太 Mrs Reader

我毫不誇張地說沒有珊貝老師的幫助指導，不會有今天從英國研究所畢業的我。

還記得我第一次去找老師時，我只知道我想出國念研究所，思路非常混亂。經過短暫愉快的交談，我感受到老師不是一昧的將自己的看法加諸在你身上，而是會依據你所有想法跟考量來為你指引出一條最適合你的道路。

留學規劃及準備是一場長途征戰，而這路上老師最大限度的幫助我了解所需的一切，甚至成為了可以分享生活的朋友。

這本書我奉為留學生必須擁有的寶典，從最開始萌生留學念頭到最後下定決心去落實，文中全方位給了我們很好的指引，同時提到許多案例，讓正在人生分岔路口的同學更可以感同身受。

我不能說看完你就可以馬上找到方向，但我可以保證這本書對準備留學的你一定會有啟發！

——汪同學

在親身體驗過留學的經驗之後，我發現有許多事情都是我聞所未聞的。比如說，同學之間的話題不再是閒話家常，而是討論新聞、重要時勢或是課業方面的內容，這些都是我在國內鮮少有

機會談論到的話題。因此，我發現雖然都是同年齡層的人，但是大家的話題或是思維都更加成熟。在出國留學的過程讓我感受到眼界的提升、語言能力的進步，更重要的是與不同文化背景的人交流相處。

在留學期間我發現諮詢顧問是一件十分重要的過程。透過與顧問之間的溝通能夠讓學生對於選擇國家或學校的目標更加明確，也能讓學生更加了解該國家的一切事物。顧問對於學生而言就像是後勤保障一樣，當學生在國外遇到無法解決的問題或是課業上的困擾，顧問總是能夠即時的幫助學生或是提供不同的解決方案。

——廖同學

我是目前在岡薩加大學（Gonzaga University）就讀運動管理碩一的姿譁，出國留學是我從小到大一直覺得很遙遠的理想。很感謝有珊貝老師的協助我才能到美國留學，繼續往自己的夢想前進。

想申請美國研究所的念頭大概是在大二的時候，但因為一直覺得英文能力不夠所以沒有踏出申請學校的第一步。後來因緣際會下認識珊貝老師，在老師的鼓勵下我去補了英文讓托福的成績達到申請到研究所的標準。申請過程老師都很耐心和細心的給我指引，也會按時提醒我需要繳交的資料。老師的專業真的幫助了

糊塗的我很多，也順利讓我進入現在的學校。目前來美國已經四個多月，很喜歡這邊的運動文化和生活，也在學校找到了打工。沒有珊貝老師的協助我無法體驗到現在的生活，希望有出國夢的同學能勇敢踏出自己的舒適圈，只要找對資源，出國留學絕對不是夢！

——劉同學

　　睿智教育的陳珊貝老師一直在我留學的路程中陪伴著我、鼓勵我、協助我。從我念完 IGCSE 時就幫忙評估我未來的升學規劃，協助我申請 A-Level 合適的學校，以及中途轉大學基礎班（Foundation）時的升學策略規劃，讓我順利申請到英國排名前十大的商科學院「蘭卡斯特大學」（Lancaster University）。在我學習過程中也時常提醒我課業的安排及成績的部分，在我快畢業需要職涯規劃時提供我職涯測驗並花時間分析跟我講解。大學畢業後也協助我順利申請到英國排名前五大的商學院「巴斯大學」（University of Bath）就讀研究所，一開始換到新環境也總是會關心我的適應狀況，疫情下會關心我的身體健康。在老師的陪伴下，我可以體會到他們對每位學生的用心，也會如實地跟學生分析狀況，適合哪間學校以及不適合或有難度的學校，陪著學生一起做決定和規劃。我只要有問題搜尋後還是不懂的話都會聯繫老師，遇到狀況需要請求協助時也會聯繫老師，老師每次都會

馬上給回覆並提供資源。真的是辛苦老師了，也謝謝老師一路的陪伴！

——駱同學

　　資深留學專家 Cindy Chang、Oxbridge 津橋留學顧問執行長／英國 UKGuardianship 與 Academic Powerhouse 負責人 Susan Fang、中國醫藥大學物理治療學系暨復健科學碩士班主任／教授周立偉、LP 美國專業運動防護品牌醫療顧問長洪平洋、新光吳火獅紀念醫院燒傷中心主任陳柵君、美國 UCLA 研究生許堯廷、聯新國際醫院乳房外科主任許雅芬、立赫健保藥局負責人曾冠燁

——掛名推薦

〈專文推薦〉

這是本「留學聖經」

旅遊達人、粉專「Moote 好好宅 & 好好旅遊團」創辦人 Moote

　　生活在一個科技世代的我們，留、遊學變的像速食餐廳一樣簡單又容易。

　　絕大多數的人認為，我只要上網找找資料，申請學校就可以開啟了我的留學道路。但當你在做這件事之前，你有考慮過申請的學校適合自己嗎？周圍環境是自己所喜歡的嗎？校內的教學方式是你能吸收的嗎？畢業後的文憑能帶你完成夢想嗎？

　　當我走過這 20 年的道路後，每一次遇到新同學。我們都會問：你為什麼出國？為什麼選擇這個科系、在這個國家、在這所學校？讓人吃驚的是，最常聽見的回答是：我大學學 x x x，我來念碩士的；第二多是：我想出國體驗看看；再來是：我想換個環境。

　　（我猜很少人知道，在英國念碩士不是你學業的必經道路，它其實比較類似於轉行或入企業前的學府）

　　這些年我一直在找尋這樣的答案：「我做了一下研究調查，這個國家的發展、經濟條件、人文上對於這個科系很有幫助。有

機會我想前往 ××× 公司實習，這是他們的入學門票。」

　　但是，我反而常聽到學生留學後的回應是：原來這個國家並不是我所想像的那樣、這個國家好排外喔、這行業的工作機會太少了、這領域不適合我等等，然後回到台灣再重新來過。

　　假設在計畫要出國前，就做足了功課，那是不是在往後的道路，就能夠比較平順呢？至少我相信你不會浪費大學 3 年或碩士 1 年的時間。

　　時下的顧問不再是 20、30 年前的顧問了，不再是僅把自己手上的名單推薦出去而已，而是需要評估每一位學生是否能夠適應學校、環境，甚至發展潛能等等。只有做足這些功課的人，出國才不會浪費時間和金錢。

　　在業界，蠻不容易能夠找到一位願意花時間在每一位學生身心靈上的顧問。因此我強烈推薦這本書。用英國文化來說，它可被稱之為「留學的聖經」，因為你很難找到一本書擁有各方面資訊和真實案例，只有實際案例，才能讓你避開會跌倒的道路。讓有實際經驗的專業顧問，帶領啟航去開闊你的疆土。

〈專文推薦〉

為理想未來提早做規劃

中臺科技大學經營管理系副教授 王耀毅

　　珊貝博士（Beryl）是我認識很久的朋友。知道她的教育理念，不僅僅只是一位會為代辦留學事業而努力服務的教授，更是一位真正會為學子打量未來的顧問師。今日珊貝博士為了造福更多莘莘學子而不藏私地寫這本書，實為大眾之福氣！拜讀此書後，猶如打通任督二脈，對於自己子女或學生的留學之路，有更深一層的認識與指引！很榮幸能為 Beryl 寫序文，在此特別強力推薦本書，相信當您讀完本書後，定能讓您茅塞頓開，並對於留學之路，掌握得更清楚、更具信心。我的未來不是夢──讓我們為自己理想的未來，提早做規劃！

　　本人自民國 98 年為學生申請教育部學海系列計劃，幫學生完成海外交換生、海外實習等夢想，主要國家皆圍繞在美、英、日、新加坡、越南等國，期間並與中國大陸學校常態性交流，也獲得不少迴響。後因 COVID-19 疫情，中斷 2 年有餘，今年（111年）才又重新出發，帶領交換生繼續前往美國學習。回國後，因為序文而看了本書，沒想到竟然給了我諸多新的想法，比如為學

生開發新的或容易申請就學、就業的國度，及再進一步獎學金回饋制的雙聯學制辦法、3+1 學碩學制或是從學位實習中參酌國外證照連結就業等新的啟發，在在都是可幫助學子們，尤其是弱勢學生，也能規劃未來出國道路，讓夢想成真的新路程。感謝珊貝，讓我也從書中得到很多領悟。

本書著實是一本新時代留學的好書，除能指導父母或學子選校選系外，對於留學生活也多所提醒與叮嚀，猶如一位好導師跟隨您身邊一樣地幸福；尤其對於遇到問題要如何小心並解決問題等情事，也多所著墨；此外，值得一提的是，醫科在台灣考取不易，且在大多數國家也多是管制類科，因此，本書特別在章末提及海外申請醫科的方法及技巧，並對艱難的面試關卡提出特別的看法。

擁有此書，對您的留學之路必有極高助益。加油！出國留學並不再是有錢人家小孩的專利，也未必一定要很會唸書的孩子才有機會；只要您願意，出國留學不再是難事，好好閱讀此書，讓您向美好的未來邁進一大步，理想得以成真！

〈專文推薦〉

在競爭激烈的社會和國際舞台屹立不搖

脊醫博士、香港醫思健康商務總裁 朱君璞

我是位台灣小留學生。14 歲的時候一個人到了加拿大溫哥華上基督教中學、京士頓上皇后大學、紐約讀了脊骨神經醫學博士。求職的漫長道路也從美國太空總署、到溫哥華社區診所、香港脊醫協會主席，現在做為了香港最大非醫院上市醫療集團的共有人、商務總裁。我也經歷了留學生會經歷的種種問題，要讀什麼科目？和複雜的留學、職場規劃。

今天，世界變了。百年一遇的流行病將醫療行業推到了風口浪尖上。它加速了醫療系統的改革，加劇了民眾就醫和臨床人員短缺問題。這場風暴也在重塑醫療行業的新秩序。領先的企業通過綿延不斷地革新、重設企業人才、提高員工生產力、重塑投資技術、創新商業模式，重新分配受限的資源、重新定位醫療市場。所以優秀的企業在這次危機中會奠定未來的醫療人才和領袖。

在未來人口結構變化、消費者期望值上升、技術創新和有限的傳統醫療基礎設施的推動下，亞洲正在進行快速的醫療變革。政府、保險公司、醫療服務供應商和消費者重新架構「新醫療」

的服務和管理。為了應對這些趨勢，以消費者為中心的數位化醫療生態系統正在亞洲各地以前所未有的速度和規模形成。今天，數位化健康影響著 10 多億人的生活，據估計，到 2025 年，亞洲的數位化健康從 2020 年的 370 億美元會增長到 1000 億美元的價值。

亞洲在 2025 年將有 4.56 億的 65 歲或以上老年人。快速的人口變化增加了人們對醫療服務的需求，除了亞洲每千人的平均醫生數量低於世界的平均水準，世界衛生組織更估計全球缺少 900 萬名護士。受影響最嚴重的國家也是位於亞洲，勞動密集型護理服務模式不太可能滿足亞洲不斷增長的健康需求。

另外，根據麥肯錫的研究，消費者期望值正上升飛速，43.5% 的中國消費者在過去 12 個月裡在健康方面的支出增加。消費者在健康和保健方面的支出也越來越多，教育和企業也將會為消費者創造方便的醫療服務。選擇職涯規劃也可注意這類型的健康產業。

隨著越來越多學生到全球大專院校求學，亞洲的醫療人才處於推動轉型的基本力量的交會處。中西文化共同體的留學生可發揮強大的動力，以日益可擴展、可持續和個性化的方式提供醫療服務。學生可配合世界整體趨勢，培養主動學習、心理韌性和自我管理能力。

社會變遷是不可抗拒的事實，未來需要的人才和現在會有很

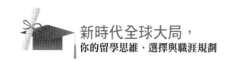

大的不同。企業家會協同教育培養更多高素質人才、拓寬學生交流渠道，培養具有世界格局、創新創業的領導者。在科學研究方面，企業會繼續投資推動國際、亞洲、大陸與香港大學的合作科技研究，孵化科研結果轉化，產業化科研變成改變世界的元素。在創新創業領域，企業為加強和學生的創新成果合同效應，為師生提供學習、科研、工作一體化的新平台。

陳珊貝擁有物理治療師的臨床經驗、英國博士知識，和洞悉產業鏈的未來趨勢。她的《新時代全球大局，你的留學思維、選擇與職涯規劃》讓你了解教育和就業的緊密關係。它可啟發新世代的你的夢想力、好奇心、洞察力、軟實力，培育你的「目的感」，在國際學習可以做到跨領域專業技能，也能在競爭激烈的社會和國際舞台上屹立不搖。

〈專文推薦〉

世界很大，別被桌上的考試卷給絆倒了

「以勒運動恢復」創辦人、美國體能協會大中華區認證導師、

台灣認證運動傷害防護員 林冠廷

　　大約 13 年前，一個成績吊車尾硬是靠重修與導師仁慈畢業的學生，手拿著看起來很厲害「運動醫學」的文憑卻不知道可往哪裡去的社會新鮮人，現在有了自己的運動訓練公司，在疫情前累計出差飛行 11 個國家、超過 48 個不重複城市；國文四修卻出了六本書，英文都在重修度過卻翻譯了三本書還擔任數場英文研討會現場翻譯，到底是發生了什麼事情，有這樣大的轉變？

　　答案是「眼界」，你說我不會念書嗎？我運動防護與訓練相關科目其實都很高分，但就別來跟我討論微積分了；你說我大學之前討厭英文嗎？我只是不知道為什麼要念英文，學了又用不到；你問我為什麼國文四修？因為我不知道為什麼要念文言文跟公文程式；然後我現在的本業是做教育培訓，主要負責大中華區的體能訓練、私人教練與特殊族群訓練的課程，這條路，也是自己跟現實世界碰撞十年闖出來的路。

　　曾經在外商工作的階段，是打開眼界的階段，我接觸到了美

國、南非、德國與日本的客戶，那是第一次「實際感受到」，對耶！在台灣之外還有活生生的人，而且我正在跟他們進行一些專案合作（在此特別感謝本書作者陳珊貝老師，沒有她的推薦我也進不去這家公司）；然後我就自己在下班後繳了英文補習班報名費學習英文；雖然下班後很累，但與學生時期最大的差別是我每天都很開心的去上課，因為我知道我為什麼要學英文，除了制式的國際工作溝通外，甚至還可以閒聊兩句，當時的我也絕對沒想到幾年後我居然邀請了當時的美國客戶到台灣還有北京辦運動醫學研討會。

然後我就藉著當時候在國外很紅，但在台灣還不太有知名度的「運動醫學」到美國、德國、波蘭、新加坡、日本還有中國進行商務出差、學習甚至授課。如果你問我要給十年前甚至二十年前的自己一句話，那會是什麼？

「世界很大，別被桌上的考試卷絆倒了。」

如果當時的我給自己一年的時間去看看國外的世界長什麼樣子，人家口中的「運動醫學」實際怎麼發展，我想我這十年的學習與工作會變得非常不一樣，因為我知道我為什麼要學習，而且該往哪裡去。

感謝當初的貴人珊貝老師，沒有她的提攜也不會有今天的我，若你問她做了什麼？其實就是幫我打開了「眼界」，其他的路我就會自己走了。各位幸運的讀者不用透過層層關係找到她，

也省去了傻呼呼不知道在幹嘛的階段，本書收錄了超詳細的留學相關知識，都是陳老師多年來的精華整理而成的攻略，相信可以幫助你或者是你的子女更有效率的選擇到適合的學校，避免淹沒在眾多的網路文章中不知道該抓哪個資訊才是正確的。

　　誠摯的推薦本書，希望透過本書也可以打開你的眼界，讓你在世界的地圖上找到自己的位置。

〈專文推薦〉

用對工具書，少走冤枉路

信閎聯合會計師事務所會計師 廖憶慈

　　很開心看見珊貝學姐出了一本書造福莘莘學子及讓幼齡兒童家長看到一線曙光。

　　台灣少有針對留學、遊學經歷與申請方法完整整理的工具書，在過去我們出國唸書走了不少冤枉路，在留學英國的時候，曾經自己好友在法國唸當地大學附設的「國際大學預科課程」（International Foundation）一年，原以為可申請法國當地大學。令人預想不到的是，讀完預科課程卻不被承認，最後轉而又準備一年才申請到英國諾丁漢大學，這浪費不止是時間及金錢，更多的是學業及職業生涯的規劃，因國家不同所申請的科系及規劃都有很大的改變，如果他能早一點得到正確的資訊指引，就不會是這樣的結果。

　　而我的另一個曾經就讀華威大學的朋友，在剛到學校的第三天才知道，隔天有公司來校園徵才的活動，因資訊不對稱沒能事先準備相關資訊而喪失可能留在英國的工作機會，這對留學生來說是白白流失了一個難得的機會，著實令他惋惜。

　　當我們想為幼齡子女規劃時，即使曾經遊學加拿大及留學英國，想要為小孩規劃一個時程表也是充滿各式各樣的問號；何時出國，如何銜接台灣與其他國家學制，這已經是個大哉問，每一個關卡都要事先規劃，才能達到父母的預期目標，才能做到CP 值最高，現在高資產父母需要更進一步考慮是否需留在當地工作？是否取得移民資格以及是否要投資不動產等。這一切疑問都需要一本整理完善的工具書，指引我們的需求逐步，釐清成一個可能實行的藍圖才能開始啟動，進而找尋相關的協助。強力推薦學姐這本工具書，針對留學的佈局才能協助父母早一步取得先機，減少損失，順利讓子女完成留學的夢想！

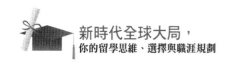
〈專文推薦〉

留學是重大決定，不可不慎

大葉大學運動健康管理學系教授兼系主任　蔡孟娟

　　帶領大葉大學運動健康管理系多年，我常思考如何增加學生的職場競爭力，我們除了從課程面聚焦運動健身指導、運動按摩健康促進與運動健康產業行銷管理三大領域外，還搭配證照考試與企業實習，幫助我們的學生打造就業競爭力。同時，我也希望系上能夠拓展國際交流，藉由有豐富海外經驗的學者，帶領我們的學生走出台灣，培養國際觀，全球視野！

　　幾年前由學系兼任老師引薦而結識珊貝老師，得知她除了是資深的骨科物理治療師及研究學者外，還有多年的旅外經驗，同時是留遊學產業界少數專精於「醫療健康相關產業」的教育顧問。在她的協助下，本系與英國德蒙福特大學（De Montfort University, DMU）簽訂碩士雙聯課程，提供 4+1 學程，用 5 年的時間，同時取得大葉大學運動健康管理學士、碩士及英國德蒙福特大學碩士、雙碩士學位，我很感謝她加入我們運健系這個大家庭，輔導有意海外進修的同學，提供他們更多元的選擇。

　　本書的內容，提供了珊貝老師多年擔任海外留學輔導的實務

經驗，讓我更新不少國際課程與趨勢，例如不同國家對「運動科學」的入學門檻是不同的；「運動行銷」與「運動管理」竟然可以有這麼寬闊的選擇與發展；英美醫學院的申請，是如此的繁複；「英國私立中學」的申請，是如此的講究策略。本書將留、遊學規劃提供了更深刻的看法。

　　一般來說，我們對於留學產業的了解，大部分停留在「文書顧問」的形式。尤其現在網路資訊很多，資訊取得相當容易，但很多訊息可能已經過時。即便資料適合，但也需要大量閱讀後進行辨別歸納整理，需要花費很多時間。此外，有些內容真假難辨，如果不是了解制度，難以核實真偽，很容易被錯誤資訊誤導。全球環境多變，如果沒有事先做好充分的功課，了解各國的政策與妥善的職涯規劃，蠻容易失望的！

　　珊貝老師具備有學者的特質，在留學規劃上相當嚴謹，也相當留意留學生的心理狀態。她總是說，留學是很重大的決定，一定要謹慎規劃。在本書中，珊貝老師不藏私的分享寶貴的經驗，除了更新趨勢課程，簡述各國學制與升學方式，指導讀者如何展開職涯規劃，也殷切提醒家長同學各種注意事項。對於有志於出國進修的同學與家長，甚至是作育英才的老師，這本書是同類書籍中必備的良書！

新時代全球大局，
你的留學思維、選擇與職涯規劃

CONTENTS 目錄

引言

新時代留學的八大誤解、迷思，與難題　　035

第 1 章

新時代留學的全球新局　　045

第**2**章
專業選擇，盲從舊思維不適用

第 **3** 章
留學時機，可能性多於你的想像　135

第**4**章
世界前端的學習新風貌

第5章
英美醫學院專題深探 229

引言

新時代留學的八大誤解、迷思,與難題

「留學，是個化平凡為神奇，甚至化神奇為驚奇的過程。這個過程，現今有比過去更廣闊的可能性，但也有比過去更多的誤解與陷阱。」

前些日子，我們與一位人在英國留學就讀時尚推廣的女學生視訊。螢幕那頭的她，依舊亮眼動人。她難掩喜悅地跟我們分享，她的學期中行銷作品，被英國兩百年歷史的高檔百貨公司哈洛德（Harrods）相中，拿去作為廣告素材。不僅如此，她還亮出她的畢業成績單，以最傑出成績（pass with distinction）自時尚推廣碩士班畢業。

成績出眾的她，若不說，肯定很難想像她在台灣曾經是一個輟學生，成績常年紅字，甚至沒有高中文憑。

⊃ 留學改命？選路學問大！

高中時，由於在校成績一直沒有起色，於是在高一下學期毅然休學，到服飾店打工。經歷三年辛苦的工作，她更明白自己未來想在時尚產業長期發展，也想清楚自己的職涯定位。

她也同時發現，自己尚需要進一步充實專業知識，但台灣的學校體系並不適合她，也沒有科系能夠提供她需要的培訓。世界很大，她想找更適合自己的路。

她於是找了留學代辦公司，指明替她申請外國時尚相關科系的學士課程。

　　她跟代辦公司說明：她希望科系的專業課程不用涵蓋數學、打版、織品相關知識、畫服裝設計圖。她已有明確職涯計劃，並不需要將這些項目從頭學起。

　　最後，代辦公司替她找到一間英國提供預科課程的大學，且科系的名稱為「時尚行銷」，確實是她指定的範疇。

　　她到了英國才發現，時尚行銷在英國隸屬於商學院，課程內容一定會有數學。這位同學仔細研究課系課程表之後，大為意外，因為與她的需求差距非常遠。深入思考後，她決定要專注於自己長才的發展，而不要繞遠路，學自己未來職涯不需要的知識。於是她訂了機票，隔天就飛回台灣。

　　氣憤又沮喪的她，找了我們替她重新安排留學計劃。

　　理解她的需求後，我們重新搜尋各國時尚相關科系，最後建議她選擇「時尚推廣」（Fashion Promotion）作為主修，這個科系講求的是行銷、公關知識與技能的養成，不用念數學也不用碰設計。

　　後來的幾年，在適合她的領域中表現如魚得水，成績優秀，也開開心心地畢業，即將在英國開啟她的下一階段人生。

　　從前，總是學生要適應學制；現在，學生可以在全世界範圍內找尋最適合自己的學習路線。以這位女同學為例，她對時尚有興趣，而且有明確的職涯計劃。因為台灣沒有適合她的學制，或是不易找到有助她職涯發展的跑道，這就表示她要放棄自己的計

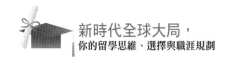

劃，接受不適合自己的學習道路嗎？

當然不是。時代已不同以往，現今學生可以選擇的科系、出路變得更多元。

選項多了，機會也變多，但對學生來說，如何做出正確、不後悔也不浪費時間與金錢的選擇，確實比以往更來得具挑戰性。

⤸ 八大難題，考驗留學抉擇

面對更多元的選擇，我們注意到，同學或是家長，難免會有一些誤解或是迷思，甚至在做出選擇前，會遇到難題與挑戰。以下彙整出八個常見的留學思維難題：

該以排名選擇留學學校嗎？

選擇學校時，容易不小心落入「排名較佳的學校、科系就是好的」這樣的思維。但考量到當代職業所需的專業愈來愈多元，且強調專業分工，學生在選校、選系的時候，在排名之外，還可以將許多重要因素納入考量。

留學國選大國就是好？美英定勝亞洲？

從前熱門的留學國家選項大抵上以歐美為主，而且英美佔數量的絕對大宗。但現在有愈來愈多國家敞開大門、競爭力提升，加上留學途徑也變多，留學國的選項已經比以前多元許多。

大學畢業再出國讀研究所對職涯發展比較有利？

考量到資源以及學生成熟度的問題，加上對專業領域有一定知識涵養，過去多數人會傾向大學在台讀完，再出國念研究所。但是隨著時代變遷，競爭愈來愈激烈，也有很多家長希望讓孩子從小在國外就讀、成長，提早培養競爭力。究竟該如何選擇出國的時間點？

資源夠，將小孩送出國就能扭轉學習狀況？

隨著低齡留學成為風潮，家庭環境許可之下，有些家長傾向讓小孩提早適應國外生活。然而，如果小孩在台灣就已經有一些狀況，如成績不理想、獨立性不強，送出國，恐怕不見得保證可以解決問題，日後可能會面臨更大問題。

升學管道與制度眾多，家長、學生難以辨別哪個適合

大環境資訊爆炸，沒有一個家長想讓孩子當犧牲者，且台灣現在籠罩在低薪的愁雲慘霧中，年輕人紛紛想要出國尋覓機會。雖然國內有雙語政策、雙聯學制等出國留學途徑，但學制多元，學生與家長又該如何選擇最適合自己的？

專業選擇，如何結合志趣與職涯方向？

有些家長與學生認為，都出國留學了，就是要選擇有「錢途」

的科系。但這個科系真的是學生感興趣的嗎？還是只是為了一個文憑？出國留學的專業選擇，有沒有可能在「錢途」與志趣之間取得平衡點？

專業所學如何與就業之路銜接？

好不容易到國外留學、畢了業，可是卻發現難以取得國外執照？或是回台灣後，發現留學國的學歷不被承認？我們發現有些學生，特別是專業性高的，如醫學生、法律科系畢業，會面臨這樣的考驗。如果沒有事先研究清楚，很可能會走一大段冤枉路。

留學規劃周全，卻可能忽略最重要的一塊

留學取得文憑，固然重要。可是有沒有可能因為留學，而帶來更多附加價值？如協助家庭事業拓展版圖，或是成為全家移民的跳板，這些都是可以在留學前詳加規劃的。

● 出國留學，該找行政代辦還是導師顧問？

雖然現今網路資訊很豐富，但是在選擇愈趨多元的情況下，加上留學途徑愈來愈複雜，學生與家長實際上需要尋求專業的外援幫助。

在留學領域，長久以來都有「行政代辦」這樣的服務形態；但隨時代演進，留學的「導師顧問」模式日益受到重視。這兩種

形態的異同比較如下：

行政代辦模式特色	導師顧問模式特色
核心能力 英文能力與行政流程都有一定水準與嚴謹度。	**核心能力** 英文能力與行政流程都有一定水準與嚴謹度，且能掌握留學趨勢、各國留學、簽證政策與教育系統差別，同時提供關懷與心理支持。
套餐式服務 提供如申請簽證、入學、語言檢定諮詢等行政服務。	**客製化服務** 針對學生的學職涯考量進行分析，並提供最符合學生需求的服務及未來趨勢分析。
確認資料符合學校要求 提供學生申請學校相關資料表格，協助填寫，並確認資料無誤、符合學校要求。	**確認學生接受適合的教育** 了解學生性格與志向，再搭配留學趨勢與大環境分析，確認學生接受最適合自己的教育。
服務終點：學生錄取指定學校 確保學生申請學校時有完備的文件，當學生錄取指定學校，服務也告一段落。	**服務終點：學生找到理想的事業方向與生活環境** 一路陪伴學生申請學校到畢業後的就業方向規劃，甚至給予生活上的協助與指引。
適合什麼類型的學生？ 很清楚知道自己的人生目標，也鎖定好科系、學校，只是需要有人幫忙打點行政事務。	**適合什麼類型的學生？** 對人生、職涯有更多期待與想像，需要對留學環境、未來趨勢有所掌握的專業人士，從旁引導。

　　多年來，我們輔導了許多學生，在時代的變遷下，我們發現學生與家長對於現今的留學趨勢，容易產生認知斷層，甚至碰上

難關。

　　本書將從新時代留學變局與新視野出發，帶領大家認識當今留學環境與過往有何差異，以及可能面對的挑戰、需要具備的新事業。接著逐步從留學科目與留學國選擇、留學時間點、特殊專業科系選擇，一一說明。

　　期望看完本書後的每一位家長與學生，都能在留學前具備足夠的知識，走上最適合自己的留學路。

美國唸書，體育盛事不可少。以奧本大學（Auburn University）為例，美式足球在秋季時為最主要的焦點。照片由奧本大學提供。

美利堅大學（American University）位於華盛頓特區，距離白宮僅 15 分鐘車程。創校至今有 6 位美國總統在 AMU 董事會任職，治安良好而且政商關係蓬勃，政治、傳媒、商學、公共政策是其熱門課程。照片由美利堅大學提供。

第 1 章

新時代留學的全球新局

1 雙聯學制：搶得先機，或是負荷超載？

「顧問，我孩子要升高中了，我發現有些學校跟美國的高中合作雙聯學制，我該讓他以此為依據選填志願嗎？」

近來，詢問雙聯學制的家長愈來愈多，他們往往是著眼於出國就讀大學的制度接軌，或是增加申請國外大學的競爭力。

但是，真的讀了雙聯學制就等於搶得先機嗎？就算要讀，目前雙聯學制的狀況非常繁雜，各校的安排其實都不一樣，家長們該如何理解這些複雜的方案？

我們可能得先從台灣現行雙聯學制有哪些，開始說起。

⊃ 雙聯學制錯綜複雜的現況

「雙聯學制」其實是一個廣泛的稱呼，針對在台灣就讀國外高中的課程，進而取得國外高中的學歷；或是修習國外大學層級課程，以取得大學的部分學分。

台灣現行的雙聯學制包含了：

國際大學預科課程

國際大學預科課程（International Foundation Year，簡稱 IFY）又稱為台英（英國）雙聯學制，由英國北方大學聯盟（The Northern Consortium of UK universities，簡稱 NCUK）創辦，提供外國高中生銜接英國大學的國際預科課程。

- **課程優勢**

修完 IFY 所有課程（約 40 學分）且通過考試，將能取得英國北方大學聯盟內 16 所大學至少一個校系的保證入學機會。

- **注意事項**

英國前五名的大學不接受 IFY 文憑，同時 NCUK 還有規定學生選填英國大學志願時，五個志願中要有三個隸屬於 NCUK 聯盟。

台美雙聯學制

台灣與美國本土大學合作的學制，即稱為台美雙聯學制。只要在台修習相關課程，滿足國外訓練時數，並通過考試，就可取得美國高中文憑。

- **課程優勢**

取得雙聯文憑的學生，可免美國學術能力評估測試（Scholastic Assessment Test，簡稱 SAT）申請德拉瓦大學（University of Delaware, UD）、美利堅大學（American University, AMU）及岡

薩加大學（Gonzaga University）等美國前百名大學。

- **注意事項**

　　台灣多數台美雙聯學制課程會與國際文憑預科課程綁在一起，雖然多了一個優勢，但也必須修更多課。

台加雙聯學制

　　台灣與加拿大本土大學合作的學制，即稱為台加雙聯學制。只要在台修習相關課程並通過考試，高三那一年到加拿大當地就讀，就可取得加拿大高中文憑。

- **課程優勢**

　　線上混合實體的方式上課，對學生來說更有彈性。畢業後除了可以申請加拿大的大學，連部分美國、歐洲的大學都可申請。

- **注意事項**

　　週末需上課，意味著學生的休息時間會被壓縮，需要有更好的時間控管能力以及學習效率。

美加大學先修課程

　　美國與加拿大的大學先修課程（Advanced Placement，簡稱AP），通常涵蓋在台美雙聯學制與國際學校的課程中，不過也可以獨立報考。此課程所修習的學分，受到美、加許多大學的認可，具有升學優勢，還可折抵學分。課程內容包括總體經濟學、

微積分、物理學等等，採全英語授課。

● **課程優勢**

科目成績拿 A 的學生可拿到 5.0 分，高於一般課程的 4.0 分，可以提高自己的 GPA 分數（Grade Point Average，成績平均積點）。且通過 AP 考試及格後，可折抵大學學分，減少大學修業年限。

● **注意事項**

課程難度較高，需要花相當多時間研讀、準備，要同時兼顧台灣高中學業的話，是個不小負擔。

國際文憑預科課程

國際文憑預科課程（International Baccalaureate，簡稱 IB）講求的是全方位的教學，學校規劃的課程必須經過國際文憑組織授權，才可辦理。因此，在台灣上 IB 課程，就有如在國外的課程內容。

● **課程優勢**

修完三年高中課程，不僅滿足國內課綱要求的高中畢業時數，若學生完成 IB 指定課程，且通過考試，也可取得 IB 文憑。對於國內升學，或是出國留學都有幫助。

● **注意事項**

學生在常規課程之外還要進行獨立研究，並撰寫論文，可能

成為學生的心理負擔。且課程難度高，需要有一定的學習水平。

A-Level

　　英國高中課程是由兩年中等教育普通課程（General Certificate of Secondary Education，簡稱GCSE），加上兩年A-Level（The General Certificate of Education Advanced Level，簡稱 GCE A-Level 或 A-Level）課程組合而成。台灣國內現行的 A-Level 課程，通常與國際生就讀的 IGCSE（International General Certificate of Secondary Education，簡稱IGCSE，GCSE國際生版）整合，一路銜接上去，就有如複製在英國升學的軌跡。

● **課程優勢**

　　國外原版教材搭配英語師資，打造有如在國外求學的環境。加上符合台灣高中課綱的教學內容，學生可同時取得台灣高中文憑。

● **注意事項**

　　就算有 A-Level 證書，許多海外大學還是會要求提出英文程度證明，甚至報考美系學校的話，還得加考 SAT。台灣僅有私校開辦 A-Level 課程，雖免去出國的麻煩與疑慮，但學費也相對高昂。同時，也提醒大家，A-Level 課程對於英澳申請有優勢，但如果要申請美國是相當不利的。因為 A-Level 成績出來是 8 月中，美國多半都準備開學了。

不同雙聯學制對應的公私立高中

公立學校	台英雙聯	台北市立中正高中、台北市立育成高中、台北市立南港高中、台北市立景美高中、台北市立成功高中、台北市立萬芳高中
	台美雙聯	台北市立中正高中（外加 AP）、台北市立建國中學、北一女中、桃園市立武陵高中、桃園市立桃園高中、桃園市立內壢高中、桃園市立陽明高中、桃園市立大園國際高中、台中二中（外加 AP）、高雄市立文山高中（外加 AP）
	台加雙聯	台北市立百齡高中、台北市立陽明高中、台北市立大同高中、台北市立明倫高中、台北市立師大附中、中央大學附屬中壢高中
	IB	台北市立西松高中、桃園市立大園國際高中
	AP	台北市立中正高中、台中二中、高雄市立文山高中
私立學校	台美雙聯	私立及人中學、私立建臺高中
	台加雙聯	有得實驗教育機構、台南市天主教德光中學、台南市興國高中
	A-Level	台北市私立延平高中、台南瀛海中學、天主教道明高中
國際學校	IB	康橋國際學校秀岡校區、台北市私立奎山中學、台北美國學校、台北歐洲學校、台中明道國際學校、高雄美國學校、高雄義大國際學校
	AP	VIS 國際實驗高中、美國學校、康橋國際學校

※以上僅列出部分學校，且有變動的可能，請依各校招生簡章為準。

除了上述的美國、加拿大、英國等學校與台灣合作雙聯學制，荷蘭阿姆斯特丹大學，也與台灣彰化員林高中簽訂雙聯學制合作備忘錄。就讀此課程的學生，每年將有三名保證錄取阿姆斯特丹大學預科，且可申請獎學金。

⇨ 為留學之路預備優勢

雙聯學制當然有許多吸引家長、學生選擇的優點。

最明顯的優點，在於英文能力的提升，因為許多雙聯學制課程都是採用全英文或部分英文授課，對於學生英文的聽、說、讀、寫能力有很大幫助。

其次，雙聯學制有助學生更加了解自身興趣與未來目標。雙聯學制通常提供許多選修課程，學生可以依據自己興趣、專長額

雙聯課程——開拓學生的國際觀與機會。位於台灣彰化的大葉大學運動健康管理學系與英國德蒙福特大學（De Montfort University, DMU）運動管理碩士課程（Sport Management MSc）推出 4+1 雙聯課程，學生學碩連讀，可在五年內取得大葉大學學士，碩士與英國德蒙福特大學雙碩士文憑。

德蒙福特大學位於英國萊斯特市的公立大學，前身為萊斯特理工學院，是英國提供商科與管理教育專業最大的學院之一，也是英國商學院協會的主要成員，會計系擁有英國最大的 ACCA 培訓中心之一，ACCA 協會授予其優秀學院資格（Premier Status）。照片拍攝於德蒙福特大學商學院（Leicester Castle Business School, LCBS）

外選擇想修的科目，同時挖掘未來升大學的方向。而且，有些學分還可以折抵海外大學一年級的學分，也是提早替未來做準備。

　　最後是升學的優勢。許多雙聯學制課程都會提供誘因，只要學生通過相關考試，就能進入特定學校。

◯ 留學快車道，或是揠苗助長？

雖然雙聯學制看起來優點眾多，但當中也藏了一些學生容易誤判的小細節。例如，有些與台灣高中簽訂雙聯學制的外國學校，讓台灣學生認為，只有這條路才有可能取得到美國讀大學的入場券。但其實只要在台灣把高中讀好、英文學好，畢業後同樣可以利用國際生身分，以條件入學進入美國百大名校。

另外，課程的品質，不只取決於教材，也需要對的老師。台灣很多學生多會選擇商科或是工科相關的課程，但是教授這些專業科目的外師哪裡來？就我們了解，符合標準的外籍教師，實在是少之又少。

此外，學生的學業實力、心力與時間，是否足以同時負擔台灣高中與國外高中兩套課程？通常雙聯學制非常強調數理與英文能力，如果學生不擅長這兩個類科，讀雙聯學制會十分辛苦、挫折感很大。加上許多外國課程講求做研究、寫報告、上台發表，對學生都會帶來很大的壓力。

多一個機會，固然是好事。但這個機會，孩子是否可以應付？這個問題值得家長與孩子好好溝通。以免孩子還沒有藉以得到出國留學的機會，就先破壞了學習的志趣與信心。

2 台灣留學生最熱門選擇： 美國，就讀機會與管道

　　經常看到許多家長帶著孩子來到我們諮詢室，劈頭就直接問：「我的孩子指考沒考好，想去美國讀書，要怎麼做？」

　　我們可以深刻感受到家長的擔憂，因為我們確實碰到許多孩子因為考不好而硬著頭皮讀自己沒有興趣的科系或是學校；或是在台灣教育體制下適應不良，難以取得好的成績。

　　也因此，許多家長與孩子會想利用到美國讀大學「改運」。但面對這個想法，我往往會接著問：「你真正想到美國讀書的原因是什麼？」

● 當代人的美國夢

　　美國經濟強盛、文化多元都是吸引台灣留學生青睞的原因，加上台人對美國學歷有一定好感，拿個美國文憑回台灣，找工作也有幫助。

　　除了這些因素，我們還觀察到，有些同學到美國讀大學原因是因為「開放」。美國許多科系在學生大一、大二時採取不分

系作法，讓學生自己修有興趣的學分，等到大三才正式分系。甚至有些大學，鼓勵學生大二前自己組合課程，可以徵詢老師的建議，擬定自己的學習藍圖。像是達特茅斯學院（Dartmouth College），就非常鼓勵學生不應太早替自己設限，應充分利用大二前的時光，找到自己真正想鑽研的領域。

開放、有彈性的課程，吸引台灣學生前往美國就讀。然而，不同時間點到美國讀書，會面臨不一樣的課程銜接問題。接下來將一一分別介紹。

⊃ 台灣高中畢業銜接美國大學

如果是台灣高中畢業，想要銜接就讀美國的大學，一般來說我們會推薦以下方式：

條件式入學

條件式入學（又稱雙錄取），是針對學術成績符合要求，但「無語言成績」或「語言成績弱」的學生，美國大學會發出兩份錄取通知書，一份是先進入語言中心學習英語的通知書，另一份是大學的專業課程。完成語言課程，滿足語言條件，即可升入大學專業課程。

伊利諾大學芝加哥分校（University of Illinois Chicago，簡稱
UIC）位於美國伊利諾芝加哥，始建於 1867 年，是國家資助
的公立大學。伊利諾大學共有三個校區：芝加哥校區、香檳
校區和春田校區，其中芝加哥校區是芝加哥地區占地規模最
大的大學。 照片由 UIC 提供。

我們推薦同學可以參考以下這幾所學校，都有推出條件式入學方案，且這些學校系所完整，都有醫學院預科、工學院、商學院等：美國奧本大學（Auburn University）、美國伊利諾大學芝加哥分校（University of Illinois Chicago）、猶他大學（University of Utah）、美利堅大學。

轉學專班（University Transfer Program）

如果高中成績，或是學測成績沒有達標，確定未來要轉學到其他更好學校的大三或大四，可以直接申請大學轉學課程。轉學課程除了提供英文加強課程之外，還會有學生選的科系相關基礎課程。這部分基礎課程會涵蓋到大一部分學分。透過這 1 至 2 年的學習，培養學生對專業領域的興趣，運用大學資源，打造有利的履歷，為轉入名校做準備。

美國社區大學轉一般大學

美國社區大學（簡稱社大）為兩年制，最大優點就是學費便宜、入學門檻低，且有機會進名校，因此廣受國際學生喜愛。

美國多所名校，皆有保留名額給社大的學生銜接申請，例如加州大學、密西根大學等等，只要取得社大副學士文憑，就有機會進入百大名校。

這種透過先進社大再轉一般大學的方法，俗稱「2+2」。雖

然基本上只要拿到社大的副學士文憑，想在美國銜接就讀一般大學不是問題。但這也意味著，想進名校，得在社大付出比其他同學更多的努力，才可增加進入名校機率。

同時也要注意，社區大學對於日後申請研究所，可能會遭遇卡關問題，例如醫學院可能不接受社區大學學分。

⮕ 在台灣讀大學後轉學美國大學

目前在台灣就讀的大學生，可以透過轉學的方式，讓修完一定學分的大學生，折抵美國大學學分。學生不必重複修習一樣的科目，可省下大筆金錢與時間。我們可幫助學生，根據興趣領域與目標學校，查找轉學門檻與建議學校。若有達到入學門檻，可以申請學分折抵，系所會直接參考學生的在校成績，列出可以折抵學分。需注意，不是所有的學校都願意在入學前，告知學生可以折抵的學分數。

⮕ 2+2、1+3 哪個好？

前面有提到，美國部分學校科系承認台灣大學學分，因此有機會可以在台灣就讀一年，再到美國讀一般四年制大學三年，俗稱 1+3。

同時，還可選擇先到美國就讀社區大學兩年，再銜接四年制大學就讀兩年，取得學士文憑，也就是 2+2。

在這兩種方法下，同學該怎麼選？我們建議可以從以下兩個角度衡量：

語言能力

若語言能力較差，可以考慮提供條件式入學的大學、轉學學程，或是社區大學，之後 2+2 轉四年制大學。

在校成績

語言能力中上以上或是考慮轉系的同學，可以考慮 1+3。美國學校會看你的在校成績，不僅是看可以轉換多少學分，同時也是評斷你是否達到轉學門檻。

⟳ 轉學、留學美國最大的挑戰：選校

當同學了解了轉學、留學美國的途徑，通常同學接下來會問：「哪一間學校比較好？」

這時候，我們會以過往輔導的經驗與觀察，就以下兩個方向幫助學生：

就專長、生涯規劃挑選學校

舉例來說，有些學校以理工出名，例如奧本大學。而奧本大學同時還是蘋果執行長庫克的母校，獲得許多庫克的回饋，相對

資源也較豐沛。我們推薦有理工專長的同學可以就讀奧本大學。

雙學士課程，頂尖名校的跳板

以美國哥倫比亞大學工學院為例，有提供多所雙學士計劃之合作大學，例如美利堅大學。社會科學方面，與法國巴黎政治大學（Sciences Po）也有合作的雙學士課程。

就實習、就業機會挑選學校

如果希望在學期間可以直接擁有豐富的實習機會，不妨參考太平洋大學（University of Pacific）或是聖荷西州立大學（San José State University），就在矽谷附近，許多矽谷科技公司會聘用這些大學的學生作為實習生。

透過我們紮實的資料庫，無論學生想要轉學還是升學，我們都能提供學生充足的資料，在最苦惱的選校過程給予強大助力。

岡薩加大學（Gonzaga University）是一所位於美國華盛頓斯波坎的私立天主教大學，運動風氣相當盛行，是相當出名的籃球名校。照片由岡薩加大學提供。

「讓孩子在一個鼓勵探索自我的國家成長」，她下定決心送孩子到英國留學

● 陳醫師

取得倫敦大學學院癌症研究碩士學位
小孩現正就讀英國公學預備學校五年級

我的小孩今年十月就滿十歲了，現在在英國就讀公學的預備學校五年級。

當初要送她出國留學時思考了好一陣子，因為我在美國讀書時生下她，所以她有美國籍；而我去英國讀癌症研究碩士學位時，也帶著她一起去，讓她讀當地的幼稚園，所以她有英國的生活經驗。

我知道美國的學風很好，鼓勵孩子自由發展、探索自我，而且學術強度也是大家有目共睹的。但是，美國有一些根本性的問題，像是治安、槍械、排華等等，讓我不是很放心將小孩送到美國。最後還是選擇了我熟悉也喜歡的英國。

除了社會安全性問題，其實最讓我確定要將孩子送到英國的原因，是英國的教育方式。

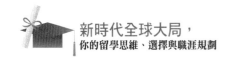
　　我女兒接受英國學齡前教育時，有一天我去接她，老師跟我說她怪怪的，整天黏在老師旁邊，不跟她最好的朋友玩，請我留意一下是否有什麼狀況。回家後我問她發生什麼事，她才吞吞吐吐地說：「我朋友說我剪短頭髮變男生，她不跟我玩。」

　　後來我向老師反映這個狀況，老師隨即在每天的分享時間，跟所有小孩宣導「尊重他人」的觀念。讓我很意外地是，她並不是把該名學生叫過去訓話，而是不指名道姓，讓所有孩子都知道尊重他人的重要性。

　　這也讓我看到英國人如何尊重每一個個體。就算孩子尚小，他們也視他們為個體，強調尊重他人，才能融入群體。但同時，老師也強調，每個人都是獨特的，應該要以自身獨特性為傲，讓孩子從小就能擁有自信，進而與他人社交。

　　英國的教育理念深得我心，因此我委請留學顧問，幫忙我的孩子，找到最適合她的教育途徑。她喜歡數學、科學，同時又擅長韻律體操，我便希望她將來可以找到一間支持她繼續運動，同時又能兼顧學業的學校。

　　這部分留學顧問真的幫了很多的忙，畢竟英國學校這麼多，若沒有顧問幫忙彙整資料，藉由她們專業找出最適合我孩子的學校，我還真不知道該從何下手。

3 老師，我該去哪個國家留學好？

不少學生、家長走進諮詢室，第一個問的問題是：「我／我的小孩該去哪一個國家留學比較好？」

每次聽到這個問題，我都忍不住先深吸一口氣，因為這真的是個大哉問啊！

我們在回答這個問題前，必須先了解學生的留學動機以及目標。且不同學齡，會有不同的建議。除了協助家長、學生判斷哪個國家較適合，同時也會整理出完整的各國、各校留學制度差異，幫助學生選到最合適的學校。

⊃ 留學趨勢變化莫測

如果我們同時配合留學趨勢來挑選留學國的話，教育部的統計資料《世界各主要國家之我留學生人數統計》顯示，2009 年與 2019 年最受台灣留學生歡迎的國家前五名，分別是美國、澳洲、日本、英國、加拿大。

台灣學生主要留學國之十年比較

	2019 年		2009 年	
1	美國	12,718	美國	15,594
2	澳大利亞	6,056	澳大利亞	4,176
3	日本	5,603	英國	3,895
4	英國	3,805	日本	3,143
5	加拿大	3,480	加拿大	2,320
6	韓國	2,055	法國	882
7	德國	1,645	德國	646
8	法國	1,200	韓國	469

＊資料取自教育部發布：《世界各主要國家之我留學生人數統計》。

　　這些國家是台灣學生最常選擇的，也是我們最常聽到的答案。但絕對不代表學生只有這些國家可選。

　　除了上述五個熱門留學國，韓國、德國、法國、荷蘭等國家的台灣留學生數量也成長相當快速。以德國來說，2009 年台灣留學生數量 646 人，2019 年激增到 1,645 人，翻了近三倍。

　　這些國家為什麼如此受到台生青睞？有哪些留學國值得關注？以下帶大家深入了解。

○ 歐洲：留學生成長速度最快地區

歐洲許多國家近年開始主打英文授課課程，降低留學語言門檻。同時還會發給畢業後工作簽證，提升國際生就讀意願。

德國

前面提到，德國的台灣留學生人數近十年翻了近三倍，主要原因有兩個：

- **開辦全英語授課課程**

只要托福、雅思成績達到一定門檻（通常托福至少 80 分，雅思至少 6.0 以上，具體情況依各校規定），就有機會就讀德國高等學校的全英語授課課程。

不過要特別注意的是，特定學校雖然開辦全英語授課課程，卻也會同時要求基礎德語能力。如果未來有意在德國就業，我們強烈建議同學，要找機會進修德語，累積未來的職場競爭力。

- **學費低廉**

德國公立大學平均一學年的學雜費僅需台幣一萬多元，甚至有些國際學校、公立學校還不收學費，只要繳納一定的註冊費用即可。不過如果你申請的是全英語授課學程，費用會較德語授課課程昂貴喔！

除了這兩個誘因，德國還接受台灣學生以學測成績、語言檢

定成績申請當地大學，也就是說，學生不需再額外報考入學考試
或是通過其他檢定。此外，德國工業、資訊管理、醫學等科系在
全世界赫赫有名，也是吸引留學生選擇德國的重要原因。

> **德國留學「不」趁早**
>
> 　　德國學生在 13、14 歲時就會開始選擇未來發展走
> 向，成績好的往學術發展；成績較差的就讀技職學校。
> 而且一旦做出選擇，未來很難重新再來。建議滿 18 歲
> 再到德國攻讀高等教育，會比較實際。

荷蘭

　　荷蘭是歷史優久的商貿國度，近年逐漸受到台灣留學生青
睞，主因是荷蘭與台灣經貿關係良好、商學院教學紮實且名列世
界前茅。加上荷蘭許多大學、碩士班、博士班都有英語授課課程，
荷蘭人也大多會講英語，對國際生相當友善。

　　為了留才，荷蘭還提供「畢業後工作簽證」（Orientation
Year VISA），被俗稱為「找工作簽」，為期一年。畢業後可以
有一年時間在當地找工作，且不限任何工作類型。對於剛出社
會，還處在職業摸索期階段的新鮮人是非常好的機會。

申請荷蘭大學要注意學制

　　荷蘭大學分為三年制學術型 U 大學（類似台灣的普通大學）、四年制技職 H 大學（類似台灣的科技大學）。如果是台灣高中生畢業後到當地就讀，或是大學生，都只能選擇四年制的技職大學；如果想要讀學術型大學，就要先念一年國際大學預科課程，或是先申請技職體系大學的大一，之後再辦理轉學。

　　要特別注意的是，荷蘭有許多大學開設國際大學預科課程，但並不是每一所大學都承認其他學校的國際大學預科文憑。建議找可直接內升的大學就讀預科課程，只要成績達標，就可直升該所大學。

　　在法國唸商學院一定要會法語？其實不見得，法國有些不錯的商學院有提供英語授課的學程！

➲ 加拿大、澳洲：寬鬆工作簽證深獲留學生青睞

　　英語系國家依然是台灣留學生的心頭好，例如美國、英國，長期以來吸引許多台灣留學生前往求學。除了這兩個國家，近年我們還觀察到加拿大、澳洲越來越受歡迎，許多學生衝著寬鬆的工作簽證前往當地求學。

法國前十大商學之一的「KEDGE 高等商業學院」提供英語授課課程！KEDGE
高等商學院由法國兩所知名的商學院，「波爾多高等商學院」（BEM）和「馬
賽商學院」（Euromed Management）合併而成，現在還多增加巴黎校區，提
供大學與碩士的英語授課學程。除了提供國際貿易，管理學，創業學的課程外，
藝術管理、餐飲管理、葡萄酒與烈酒的管理課程也是特色課程！

加拿大

　　加拿大政府於 2014 年頒布了一項《國際教育策略》
（Canada's International Education Strategy）政策，投入大量資源
鼓勵國內學校招收國際學生，例如提供獎助學金、放寬簽證審核
標準等等。

　　而且加拿大近年來大開移民大門，每一年的移民配額可以多

達 30 幾萬人，加上門檻不高，還被全球績效管理諮詢公司「蓋洛普」評比為最容易移民的國家。如果學生有考慮移民，不妨參考教學品質優良、容易移民的加拿大。

澳洲

澳洲最為台灣人所知的無非是打工度假，但你知道嗎？每年也有相當多人赴澳洲留學喔（2019 年共 6,056 人）！

除了教學品質優良之外，澳洲的基本工資比許多國家要高，包含英國。因此不少國際學生會利用到澳洲念技職體系課程，進而留在當地工作。甚至也有不少人長久定居。

與加拿大相比，澳洲的移民容易指數稍微低了一點，但仍名列世界前茅。同樣適合有移民考量的學生參考。

○ 選留學國前先釐清各國制度、個人生涯規劃

如同一開始提到的，每一個學生的留學目標、目的都不一樣。我們會建議學生：

了解自我並結合留學國特色

先探索自己的個人特質、人生目標。如果喜愛歷史，喜歡生活規則與嚴謹，可以考慮到英國就讀；如果較喜歡自由少拘束的生活調性，或許可以選擇美國。

畢業後就業機會

如前面提到有些國家提供畢業後工作簽證，還有所讀的科系是否有利於自己在當地找工作。舉例來說，經驗上理工學院畢業的學生，在美國找工作比英國更為容易。

想清楚個人目標與需求

了解留學國可以帶給你什麼優勢，例如便於移民、省下學費等等。

留意學制及簽證規定

不同國家的學生簽證，甚至畢業後就業簽證規定都不一樣，還會有一些常人無法看到的「隱藏關卡」。像是許多學生看到英國碩士只要讀一年就可拿到文憑，往往心動不已。然而實際上無法拿到英國碩士文憑的人也大有人在。

找到自己所長與人生目標，釐清各國留學制度、優劣勢。留學該選哪國？相信你很快就會有答案。

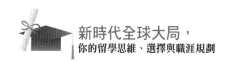

4 當亞洲各國取代歐美成為留學新寵？

　　放心不下孩子到歐美留學，是我們最常聽到父母提出的顧慮。加上留學歐美要花費的金額之大，也往往超出父母親預期。

　　我們通常會請家長先思考一個問題：「真的有必要送孩子到歐美留學嗎？」

　　通常家長聽到這個問題都會反問：「不然我們還有什麼選擇？」

　　「亞洲怎麼樣？」

⊃ 各國學校祭利多，產生自然拉力

　　根據教育部的統計，越來越多學生轉往亞洲國家留學，日本留學生數量在 2009 年到 2019 年間，成長近兩倍。韓國甚至成長近四倍。背後原因，可粗略歸納如下：

英語授課課程

　　一般來說，台灣學生之所以沒把亞洲國家學校作為留學第一

首選的原因，通常是因為「語言」。

當學生想到還要多學一種語言，難免覺得要花很多時間與氣力。對於本身沒有語言天賦，或是不想多花時間學「第三外語」的學生來說，亞洲國家的學校自然就被排除在外。

直到英語授課課程的出現，改變了這個情況。

舉日本為例，日本帝國大學體系的名校群，幾乎都有針對特定科系推出英語授課課程。學生只要英文程度達到一定標準，再通過考試，即可就讀。課程全部英文授課，考試也是英文試卷，對於日文程度較差的同學是一大機會。

雙聯學制

此外，雙聯學制的出現也成為亞洲多個國家強力吸引留學生的拉力。如韓國濟州大學、泰國亞洲理工學院、日本東北大學、韓國漢陽大學、香港中文大學等等，與台灣特定大學院所、科系簽訂雙聯學制。台灣學生可透過雙聯學制到亞洲各國學校就讀，吸引特定科系學生青睞。

放寬工作簽證規定

日本、韓國一來因為人口老化，人才減少；二來發展高科技產業，急需理工長才。除了透過英語授課課程、雙聯學制吸引留學生前往就讀，同時也提供更寬鬆的工作簽證規定，如日本的高

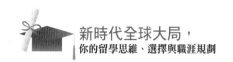

度人才「高度專門職 1 號、 2 號」簽證目的就是吸引更多人才留在日本當地。

例如，韓國快速發展人工智慧，需要大量精通人工智慧技術的人才，因此推出特定簽證，讓外國籍 IT 專業人士就算沒有受雇當地機構，依然可以留在當地。

優渥獎學金

日本人口高齡化問題相當嚴重，當地政府為了幫助企業爭取更多人才，從留學生階段就開始動作。例如，日本有多個機構提供留學生獎學金，每月金額可達一、二十萬日元。同時，特定大學為了招攬優秀學生，甚至祭出免學費外加獎學金的制度。

⊃ 亞洲留學，預備好再起跑

當學生有意前往亞洲國家留學，同學應該先就以下兩個方向做好準備，減少留學可能碰到的障礙：

確定文憑可被台灣承認

就我們統整的資訊，可知道某些大學、學程、學校的文憑是不被台灣承認的。例如，新加坡多數私立學校的學歷不被台灣、中國承認；日本專門學校、短期大學的文憑，世界各國也幾乎都不承認。

筑波大學日本最古老大學之一，佔地 258 公頃，光校園內就有四大池塘，兵太郎池、噴水・天の川、松美池、天久保池。照片拍攝於噴水・天の川。

　　此外，同學還要留意第三國文憑的問題，舉例來說，英國倫敦瑪麗王后學院（Queen Mary University of London）在馬爾他設立醫學院，若你前往就讀並順利取得學位，台灣並不承認。台灣僅承認倫敦瑪麗王后學院「本校」的學位，在其他國家設立的分校、學程，台灣一概不承認。

　　因此，我們會根據同學的留學國偏好，整理出該國哪些學校會有文憑承認問題，並提醒同學注意。

轉學有難度

　　轉學問題要特別注意的是日本。日本基本上不接受轉學，只

要選定學校入學後，就不能隨便轉學。如果真要轉學，唯一方法就是休學、退學，但一旦這樣做，下一家學校也會去查前一間學校的資料，甚至會請之前的教授、校方解釋為何你要轉學。

不僅大學如此規定，就連語言學校都適用。

所以同學留學前，我們一定會再三告知有這個風險，並陪同學生確立要讀的學校、科系，避免悔不當初。

5 好想去日本讀書！赴日學一技之長、升大學的行前預習

前奏一下，無數動漫迷即熱淚盈眶，還忍不住高喊「炎柱不要死！」

這是日本動漫《鬼滅之刃劇場版無限列車篇》上映後的社群現象。這部電影創下日本影史最高票房紀錄，更一舉擠入台灣影史票房前 10 名！

日本動漫受到台人喜愛，也讓許多年輕學生憧憬前往日本求學、任職、生活。不過日本留學體制與歐美差異甚大，連學期開始時間都不太一樣（日本新學期為 4 月與 10 月）。此外，加上語言隔閡，以及學制的不同，赴日就讀前得先做好大量功課。

⊃ 學日文的第一步：語言學校

到日本求學對很多學生來說最大障礙可能是語言。畢竟日語不像英文，從小學到大，縱使有些人因為興趣曾自學過，但要能流利溝通、書寫，可能還是得到日本上語言學校。

就讀日本語言學校需要辦理簽證，以一到二年期的長期語言

課程來說，每年 1、4、7、10 月開班授課，需於半年前提出。但如果只是去參加三個月內的短期課程，則可採用觀光簽證即可，不過也需至少提前一個月申請喔！

⤵ 日本技職體系：紮實的專業訓練

如果目標是「學習第二專長」、「在日本就業」，通常會建議學生考慮日本技職體系，包含專門學校與短期大學。簡單來說，專門學校多偏重具體技能；短期大學則較偏向商務培訓，兩者的入學資格皆為，年滿 18 歲、具備高中畢業或同等學歷，需完成 12 年以上教育資歷。

專門學校，提供技術實習和職業訓練

● **特色：**

重視實作和實踐面，可習得一技之長。以畢業後迅速接軌社會成為即戰力為教學目標。

知名的專門學校畢業後就職率相當高，如果考取相關證照，身價還會大漲。部分專門學校甚至連結就業市場，適合有意留在日本工作、永居或移民者。如果想要增加競爭力，或轉換跑道，專門學校也是不錯的進修選項。

● **補充：**

現行少部分專門學校提供和大學併修 4 年制的課程，從專門

學校畢業的同時也可擁有大學文憑。

短期大學，提供短期大學教育及專門教育

● **特色：**

類似台灣的二專。結合一般大學及專門學校的優點，學生可以較短的年限及較便宜的學費取得學位，並獲得一技之長。

短大的學生需在兩年的時間內修完所有學分並完成就職活動（日本特有文化，在畢業前須參與就職活動，多了解企業，做好

實體操作課前，老師會在白板上寫上流程，口說一遍後就開始實際操作料理或甜點，照片由日本九州觀光專門學校尤同學提供。

學校會定期聘請業界知名大師來授課。照片拍攝於：中村調理製菓專門學校的
實際示範大型階梯教室。

面試的準備。還需參加企業應徵、考試等 定措施。大學畢業後，
即可直接進入公司就職），同時受大學教育與學習專門技術。相
較於一般大學，短大的實習機會更多，適合想擁有日本大學學
歷、早點進入日本社會工作、在日本永居或移民的人。

● **注意：**

　　台灣並沒有承認日本短大、專門學校的學歷，該課程較適合
取得台灣國內大學文憑後，有意留在日本就職、永居、移民者；
或是想增加競爭力，自我進修者。

○ 日本橋梁課程：海外高中升日本大學的最快途徑

前面建議，要就讀日本技職體系學校，最好先在國內拿到大學文憑，避免回台才發現日本技職學歷不被認可。

但，如果一心嚮往日本，想要在高中畢業就前往日本讀大學，可行嗎？答案是可以的。

首先要了解的是，留學生申請日本大學，需要以下三個成績證明：

- 日本留學試驗（Examination for Japanese University，簡稱 EJU）
- 日本語能力試驗（Japanese-Language Proficiency Test，簡稱 JLPT）
- 英文檢定成績（大部分為多益或托福，視學校規定）

前兩個考試要拿到好成績不容易，我們通常會建議同學可以報名「日本橋樑課程」。花最短的時間，獲得最充足的資源與準備。

日本橋樑課程分別有前面提到的「日本語言學校」之外，還有「準備教育課程」和「留學別科」。課程內容包含日本語、日本文化，數學、物理、化學或世界史等等，幫助海外生通過日本留學試驗考試。

留學別科

附屬於大學，入學門檻需完成 12 年基礎教育與達到基礎日語能力（建議日語檢定 N4）。除了日語訓練，課程還會加強日本文化史和日本高中課程。也因為附屬在大學裡，可以共享大學資源，且許多名校都有附設日本語別科，如早稻田、慶應等校。

準備教育課程

適合給有特殊狀況且未滿 12 年基礎教育者，或是日語能力未達留學別科的標準者，可以就讀此課程，之後再申請大學。

● 帶配偶、小孩赴日求學前，先留意簽證問題！

準備好出發到日本留學嗎？想利用「陪讀簽證」，帶孩子或是跟另一半出國留學嗎？請注意，並非所有國家都適用！

隨著疫情趨緩，日本在過去幾個月，逐步開放國門，敞開雙手迎接觀光客造訪。就我們觀察，日本一直是台灣人自由行的首選，因為治安好、生活習慣相近，自助旅行幾乎不會遇到什麼困難。

也因此，當我們終於等到日本重開國門、放寬檢疫條件，已經有好幾對夫妻，或是小家庭，前來詢問前往日本進修第二、第三外語的方案。希望藉由幾個月的時間，強化職場競爭力。

由於不想兩地分離，我們碰到許多夫妻殷切地諮詢：「我們可以用陪讀簽證的方式過去日本嗎？」

事實上，日本沒有「陪讀簽證」稱呼的簽證，但有一個類似功能的簽證，名為「家族滯在簽證」，也就是所謂的依親簽證。只要持有以下簽證，就可以依照「家族滯在簽證」規定，攜帶配偶或是小孩入境，但不包含父母或其他親戚：

- 就勞簽證
- 高度專門職簽證
- 留學簽證

如果符合上述條件，就可以申請「家族滯在簽證」；但請留意幾個限制。

首先要特別留意的就是，「家族滯在簽證」法規，並不適用語言學校。

我們曾碰過一個案例，一位先生要前往日本念語言學校，抱著姑且一試的想法，遞交太太和小孩的家族滯在簽證申請，可想而知被「日本出入國在留管理廳」拒絕了。

然而先生還是不放棄的一再遞交申請，直到第三次，我們得知情況後勸阻：「若再被拒絕，會在日本出入國在留管理廳系統中留下『前科』；將來太太和孩子如想前往日本留學，很可能因此失去資格。」這位先生才作罷。

日本還有規定，申請「家族滯在簽證」的主要持有簽證者，

必須在日本有收入且正常繳稅，才會發給配偶、小孩家族滯在簽證。看到這邊，你是否可以明白為何語言學校學生無法申請家族滯在簽證了呢？

沒錯，因為語言學校留學生依法只能在日本境內從事打工性質工作，不能算是穩定正常收入。那你可能會疑惑，為何留學簽證身分就能申請？這是因為大學或研究所留學生，可以有穩定的獎學金來源，因此可以申請，但其申請上也有一定難度，須看各家庭的狀況。

雖說家族滯在簽證是一個提供給外國人方便的簽證，讓他們免於與家人相隔兩地之苦。然而，實際申請過程是滿嚴格的，並非提交就會通過。

所以我們通常建議，如果想帶配偶或是孩子一起到日本生活、學習語言，又想要避免簽證申請受阻，不妨利用觀光簽證入境，也可以有 90 天的簽證效期。

6 到日本接受高等教育，你有全英語授課課程可選

好想去日本深造，但是日語很爛、怎麼學就是學不會？

一般來說，如果外國人想申請日本大學、碩博班，需要提交英文檢定成績、日本語能力試驗成績，大學則須另外附上日本留學試驗成績。

如果你對你的日語能力很沒把握，有些學校考量到外國人語言能力與當地人的差異，會為海外考生設置「外國人特別試驗」，測驗內容囊括了日本語能力試驗、日本留學試驗、托福、日語小論文、面試，難度較一般考試低。

但假如你不想多花時間準備外國人特別試驗，想趕快到日本就讀，那全英語授課課程或許是一條絕佳途徑。

➲「日語苦手」福音：全英語授課課程

2008 年，日本文部科學省廣推「留學生 30 萬人計劃」（G30），在 2014 年更進一步擴大參與院校，將 G30 升為 SGU（Super Global University）。目的是通過留學生在日本讀書、就業，為

日本社會注入活力，使日本更加國際化，吸引更多國際人才與國際接軌。

在 SGU 計劃下，全英語授課課程是非常重要的吸引外生工具。全英語授課課程囊括大學、碩、博士班，不同於傳統日本留學路徑（一般來說會在日本語言學校念 1 至 2 年，再通過檢定考試），只要英語檢定考試達到一定成績（通常為托福 80 以上、雅思 6 以上），皆可申請入學。

而且透過全英語授課課程，學生還有機會進入日本前十大頂尖大學，像是北海道大學、東京大學、京都大學、大阪大學、九州大學、早稻田大學等等。

英語授課課程大學部入學資格

高中畢業，英語檢定考試達到一定成績。部分學校接受台灣學測成績。根據不同學校與系所，有不同要求。

注意事項

並非所有大學、科系皆有英文授課課程。每年的英文授課課程皆有變動，學校系所種類繁多，包含文學系、理工學系、農醫學系、綜合學系等，建議多留意學校的國際部門公開資訊。

⊃ 揚名海外的日本帝國大學

倘若你成績不錯，且對理工相關學科感興趣，那麼到日本求學應該首選會是「日本帝國大學」（簡稱帝大）。帝大是指明治維新後日本帝國時代所建立的大學，包含了日本本土的七所帝國大學，和海外的兩所帝國大學。

- 日本：東京大學、京都大學、東北大學、大阪大學、名古屋大學、九州大學、北海道大學
- 海外：國立台灣大學、首爾大學

帝國大學以理、工、醫、農相關科系為主，其主要原因與「明治維新」的改革息息相關。日本今日的強盛，明治維新是重要關鍵。在迅速的西化下，日本除了社會文化的「文明開化」外，另一個就是「殖產興業」——發展經濟、培植工業，兩者奠定了日本的重工業及金融業。

日本七所帝國大學都是頂尖學府，想進入名門學校，除了日本留學試驗和英語成績要有一定水平外，「偏差值」的高低更顯重要。帝大的不同科系偏差值不太一樣，理工類科偏差值可高達 75，其他學科少說也有 65 至 70。此外，帝國大學因屬國立大學，每年學費僅需 53 萬日元，遠遠低於日本私立名校，成為另外一

個巨大誘因。

日本帝大就等同於台灣頂尖大學等級，部分帝大科系有推出全英文授課課程，大大降低外國人就讀門檻。如果有志考取帝大，但日文程度較差的話，不妨以全英文授課課程為優先！

● 在日本想轉學、轉系換跑道？不行！

對於在美國讀大學，轉換主修相對容易，轉學也時有所聞。但是一旦你到日本就讀大學，想要轉學或轉系可是比登天還難。如果你有這樣的想法，請務必三思！

在日本就學，如果對自己的專業不滿意，通則來說，日本教育機構都「不允許」轉學。而且這並非學校規定，根據日本入國法規規定，同等級教育機構轉學是不被許可的。不僅大學無法轉學，就連語言學校、別科都不能轉學

日本大學不可轉學

除非有極強的理由，像是自身原因無法在原來大學完成學業，或是校方原因，才可提出轉學，但不一定會被接受。

大學別科與日本語學校之間不可轉學

大學別科與日本語學校同為日本語教育機構，處於平行地位，但彼此間不允許轉學，除非學校有突發狀況或倒閉。

　　根據相關規定，在日本可以提出退學申請。倘若你真的很想轉學或轉系，可以退學後重新參加大學考試。但特別提醒大家，在沒有確定可以成功申請到簽證前，逕自向原來就讀學校提出退學申請，可能會葬送自己的留學前途，最糟狀況就是未來難以在日本求學。

　　因此，我們面對要前往日本留學的學生，都會再三確保其校系選擇明確符合其志趣，已有讀完的把握與決心。

日本語言學校上課教學。照片拍攝於福岡亞洲日本語學院。

日本語言學校皆以小班制為主，上課多以ㄇ字形方式教學。照片拍攝於福岡亞洲日本語學院

「我很開心終於可以到日本實現我的夢想」，台灣女孩的日本甜點夢

● 尤同學

現讀日本九州觀光專門學校 Sweets&Cafe 學科

　　還記得剛來日本讀語言學校時，身邊同學都已經待一年多，個個日文流利到不行。而我，只能不斷「嗯嗯嗯」，以及傻笑、點頭回應。

　　等到身邊少數幾個台灣同學也畢業後，我成了班上唯一說中文的人。那時候，我才發現，我應該要奮力學日文了！

　　我開始逼自己去認識其他國家的同學，以及多到校外走走、鼓起勇氣跟店員詢問商品訊息。之所以這麼努力，是因為我夢想考上日本國內的製菓專門學校，日文程度必須達到可以流利聽說讀寫。

　　我一直都很喜歡做甜點，加上從小就喜歡看日本節目，看到節目上的日本甜點，讓我好嚮往在日本生活、做甜點。雖然大學讀了一個不相干的科系，但我始終沒有忘記這個夢想。

　　大學畢業，我先到東京讀了一陣子的語言學校。回到台灣，短暫工作一段時間，但越想越不甘心，覺得自己不應該就這麼放棄。於是我找上留學顧問，希望可以得到一些有幫助的建議。

　　顧問知道我對甜點有興趣，立刻就推薦我參考日本的製菓專門學校，不僅專業性高，而且只要兩年就可學到數百種甜點。除了學校的選擇，顧問也提醒我，因為製菓專門學校沒有英語授課課程，因此日文程度要有一定水準才有機會入學。我聽從顧問的話，先到日本就讀語言學校，再一邊準備申請製菓專門學校。

　　我申請了三間，很幸運地收到我最想就讀學校的錄取通知書。聽說我是今年度唯一錄取的國際生，我很緊張，但更多的情緒是期待，因為我又離我的夢想更靠近一些了！

第 **2** 章

專業選擇，盲從舊思維不適用

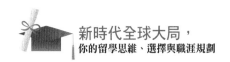
1 「老師我不知道要選什麼科系！」留學選系從自我探索做起

　　曾有一個高三男生低著頭小聲跟我說：「老師，我不知道出國留學要選什麼科系⋯⋯」

　　那時他的媽媽暫時離開去洗手間，他才鼓起勇氣講出這句話。

　　這個孩子的父母親原本出自一片好意，給孩子空間，讓他選擇自己想念的科系。媽媽還說：「要是我們幫他選了不喜歡的科系，怕他日後埋怨我們。」但是，小孩自己卻毫無頭緒，在對未來沒有明確計劃之下，選系反而成了還沒出國留學前就先面臨的惡夢。

⊃ 時代在變，生涯機會一一顯現

　　就我們觀察，現在是個創造專業的年代，如果完全聽從長輩建議選擇科系，或是選擇考公職，而沒有好好理解自己的專長、志向所在，很容易選到一個不是自己真心感興趣，或是與時代趨勢正相關的科系、工作。

舉例來說，一些長輩會灌輸孩子「考上醫學系就有好的未來」這樣的想法。但醫生工時長，不僅需要犧牲陪伴家人時間，還可能影響健康。另外像是以前大家口中的金飯碗——律師，在律師削價競爭的惡性狀態下，以及龐大的流浪律師數量，律師是否還是一個金飯碗工作，需要學生好好思量。

時代變遷迅速，家長已經沒有把握看得清楚現在時局。五年前，我們遇到的家長可能還可以很精準地說出哪些科系有前途。但現在，多數家長會向我們徵詢建議，因為他們發現時代改變真的太快了，各行各業都是機會、都有無限可能性。

● 低齡多探索；成年學專長

探討小孩出國留學該選什麼科系之前，我們應該要先了解，有什麼方法或是工具，可以幫助孩子釐清自己想要讀什麼科系。如果我們能預先讓孩子做好準備，在升大學選系時，孩子就會有明確的目標。通常我們會建議家長將 14 歲作為孩子生涯規劃分水嶺，14 歲之前、之後做不同規劃：

14 歲之前：讓孩子自由探索，別設限

我們知道，課業很重要，如果課業成績不好，機會也會跟著少很多。但是，隨著時代改變，孩子如果從小只懂得埋頭苦讀，便很難挖掘自己真正感興趣的事物。連帶的，也會影響日後面臨

選系、選工作時的抉擇。

因此，在孩子 14 歲以前，我們鼓勵家長給孩子更多的機會，在不影響課業的情況下鼓勵孩子探索興趣。而父母親在這過程中扮演的角色，是導師也是朋友。不僅要教導孩子不應輕言放棄，同時也陪伴他們學習新的事物。

14 歲之後：興趣在學習過程中收斂

無論是在台灣就讀還是出國留學，過了 14 歲，孩子通常會面臨龐大的課業壓力。以英國來說，14 歲是中等教育普通課程的第一年，再一年就要大考，孩子的壓力肯定不小。

這個時期，在兼顧課業成績的前提之下，如果孩子已經有很明確的興趣，父母親可以幫助孩子研究該興趣有什麼發展性。例如孩子表示對經商有興趣，父母親可以建議孩子將來報考像是管理、行銷、分析等系所。而隨著時代變遷，許多舊的領域也會有新的發展，像是商學院，現在也出現了永續經營相關的科系。

此外，若孩子真的對特定領域有強烈興趣，不妨可以鼓勵他們先研究該領域的實際學習、工作內容，甚至試著做相關的創作、學習技能等等。同時鼓勵孩子想像未來的理想職涯，將這份期許化為前進的動力。

⊃ 利用專業工具找出你適合讀什麼科系

為了幫助學生了解自我優勢、強項，並幫助我們推薦適合學生的科系。我們運用一款線上測評工具「CPAS」（Career Personality Aptitude System），深入了解學生輪廓。

例如，藉由 CPAS 測評工具分析結果，學生屬於喜歡嘗新、個性積極的話，加上對商業有興趣，我們可以推斷該名學生適合做行銷工作，科系選擇也會朝這方向給予建議。

這套工具很好用，但我們也不斷向家長、學生強調，測評僅能幫助學生找出軟實力，學生的硬底子，也就是學術成績，還是得靠自己爭取。舉個例子來說，成績優秀的學生與成績差強人意的學生 CPAS 分數一樣，成績優秀的學生依舊擁有比較多選擇機會。

⊃ 找出自己所好，專業顧問再拉你一把

大學選系對於長久以來只知道埋頭苦讀的學生來說絕對是個大難題；但對於從小就有機會多方探索興趣、了解自身性格的孩子來說，這個決定可能容易得多。

我們建議，學生可以從四個方向，培養出對生涯規劃的敏銳度：

良好的學術競爭力

擁有好的成績，就有更多的大學、科系可以供你選擇，這是選系時的最大關鍵。沒有好的成績，相對地機會就會少很多。

了解個人特質

藉由顧問的幫助，例如 CPAS 測評，讓學生及早認識自己的特質以及優勢，進而規劃未來升學目標。同時，家長也可以趁早鼓勵孩子發展多元興趣，認識自我。

自我期許

除了旁人的協助、指導，我們認為出國留學，學生要有自己的想法。像我們有看過很多學生會自己找大量學校、科系的資料，甚至規劃好畢業後三到五年的就業計劃。當學生有自己的目標、期許，我們就能更精準的提供生涯發展建議。

累積工作與學習經驗

假設順利出國、選到理想中的科系，我們建議學生應該要善用出國的機會，替自己累積越多學習、工作經驗越好。

以這四大方向為軸進行生涯規劃，再借助專業顧問的指導，相信每一個孩子都能找到自己的專業發展方向。

美國的大學校園與教室，是比較現代化的建築，圍繞公園綠地。照片由美利堅大學提供。

新生週，學校有相當多活動與社團介紹，對於剛到美國的同學，融入校園生活是相當有幫助的。照片由美利堅大學提供。

2 想出國就讀這些科系，先決條件要滿足

有一個學生以快哭出來的語調，跟我說：「我以為⋯⋯都是商學院⋯⋯轉系應該沒問題的⋯⋯」

細問之下才知道，她其實正在就讀國外某大學的工商管理學系，但念到大三，她再也念不下去，想要轉到金融相關科系。原以為，都是商學院，轉系應該不是難事。豈料，學校不給她轉系，讓她覺得讀得很痛苦，跑來問我們該怎麼辦。

像這樣的狀況，不僅發生在轉系上，也發生在非相關領域的學生申請就讀其他領域研究所。

⊃ 運動科學相關科系超人氣，但小心留學狂碰壁

我們注意到，台灣年輕一代看到歐美運動科學領域工作相當熱門，收入也很不錯。許多學生對此躍躍欲試。他們看到在台灣，運動科學相關科系很好考，可能猜想在美國也是這樣。

但當我們接觸到這些學生時，都必須很坦白的說：「美國的運動科學研究所（簡稱運科所）競爭激烈，門檻很高！」

　　美國運動產業興盛，從業人員收入可以很高。因此運科所不但熱門，而且訓練非常嚴謹。其必修學分甚多，例如需要運動生理學、解剖學、運動營養學整學年學分，還需有實驗室解剖經驗等等。光是某些學科需要整學年學分，就可以刷掉一票台灣大學生，更不用提還要有解剖實驗課、運動生理學實驗課的經驗。

艾德菲大學（Adelphi University）是美國 CP 值高的體育名校，體育專業相關的課程有運動管理、運動訓練與體育教育等。課程設計靈活，小班教學，也提供許多帶薪實習的機會。艾德菲大學代表隊是黑豹隊（Panthers），所以有紐約叢林裡敏捷黑豹的稱號。照片由艾德菲大學提供。

有同學曾詢問，拿台灣的運動證照去申請美國運動科學研究所，難道沒有優勢嗎？還真的沒有。美國運科所並不承認台灣多數運動證照，舉凡健身教練執照、運動急救證等等皆無用武之地。

但這不代表台灣學生沒有機會，如果沒有非美國不可，可以選擇去英國，因為英國會考量申請者相關證照與工作經驗，台灣學生有比較高機會進入運科所；但若堅持非美國不可，則需要先到大學補修相關學分，才有機會進研究所（但申請大學也是另外一個考驗）。或是可以選擇接受彈性較高的「運動管理」，選擇的機會就會寬廣許多。所以如果在大學前就已經決定要走運動科學這條路，建議從大學就到美國就讀運動科學相關學位，往上升研究所會簡單得多。

◯ 商學院、理工學院多需特定學分才進得去

除了前述提到的運動科學研究所會要求滿足特定學分才能就讀，英、美商學院與理工學院的某些科系也有頗為嚴格的學分要求。

舉商業分析研究所為例，如果你沒有任何商學背景，至少大學要修過微積分或是統計學分（生物統計不算在內）。而且在英國與美國規定還不太一樣，美國相對嚴格，會看學分數，也就是學分必須滿足一定門檻才可就讀；英國大部分學校僅看同學有沒

有修過相關學分，並不會嚴格計算，但是 G5 級別的學校（牛津大學、劍橋大學、倫敦政治經濟學院、倫敦帝國學院、倫敦大學學院）是例外。

　　如果你大學時並非主修資訊，畢業想要轉換跑道，就讀資訊科學（computer science）研究所，大多數英美研究所都會要求大學必須修過程式語言、軟體科學等相關學分。如果你正就讀大一、大二，儘管你的主修不是資工相關，也可以試著申請資工科

商業分析課程（BA）是結合了商科，統計學與電腦科學的新興學科，以商業知識為基礎，程式編寫為手段，透過大數據分析，了解產業脈動。艾德菲大學的商業分析課程，提供非相關背景的人跨足該產業的機會！照片由艾德菲大學提供。

系的課程，或是雙主修。再不然，畢業後某些學校允許已經申請
上研究所的學生，利用線上課程補齊學分，或是到美國後再補上
相關課程。

同學要特別注意，補修學分的機制在英國研究所不被允許，
因為英國研究所僅有一年，沒有多餘時間讓學生補修。

⊃ 這招學起來，碩士學位提早半年拿到

講完了非相關科系轉讀其他領域科系可能面臨的補修學分問
題，甚至是無法就讀的問題。接著要介紹的是很多同學都有興趣
的「折抵學分」制度。

美國、澳洲都有學分折抵辦法，只要你的研究所學科與大學有
高度相關。例如某生在台灣獲得工商管理學學士文憑，並申請到美
國加州某企業管理研究所。因為大學讀的科系與研究所有高度相
關性，因此可以折抵學分，有些學校至多可以折抵一整個學期。

不僅商學院，法學院也有相關機制，像是澳洲，只要在台
灣取得四年制法學學士學位，澳洲法學博士（Juris Doctor，簡
稱 JD）研究所至多可以折抵 1.5 學期。聽起來很誘人，但每個
學校可以折抵的學分有上限，所以並不是在台灣修多少就能折
多少喔！此外，折抵的學分通常是基礎課程，直接進入「進階
課程」是否能夠適應，也是需要考量的因素。

⊃ 報考特定科系前停看聽

大學就讀的科系，不見得決定未來研究所就讀的方向。想要轉系、轉換領域，不妨提前與顧問討論。我們會就轉換領域需要具備的資格與條件，一一分析給學生知道，在這過程中也會給予不同角度的思考切入點。

選擇策略

針對不同領域，學生可以發展的路徑其實相當廣泛。例如我們有學生表示想要念行銷，但礙於沒有相關背景，跳轉有難度。我們建議不見得要挑選名稱有「Marketing」的行銷科系，可以挑選 MBA 課程，主修行銷科系，企業實習時挑選行銷相關專業，大幅度提高專業技能。例如位於紐約的艾德菲大學（Adelphi University），就提供非相關背景學生這類的選項。

領域認知

對於自身就讀領域，我們會提醒同學，務必對領域有足夠認識，包含該領域的不同稱呼。例如有同學疑惑問我們為什麼英國沒有「整合行銷學系」（Integrated Marketing）。這是因為，儘管同樣屬性的科系，在不同國家也會有不同的稱呼，美國稱之為「整合行銷」，但英國稱之為「行銷傳播」（Marketing

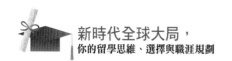

Communication/Mass Media Communication）。

　　這些眉眉角角，少了顧問的從旁叮嚀，學生很容易就會疏忽。所以如果你有轉換學科跑道的想法，一定要先停下來仔細查看相關資料，並徵詢顧問，就可無痛轉換、開啟人生第二篇章。

案例故事

「留學難免迷惘挫折」，憑藉興趣找到持續學習的目標

● 江同學

畢業於英國倫敦藝術大學插畫系
現就讀日本語言學校

　　我永遠忘不了，剛到英國時，幾乎天天都躲在被窩哭。

　　去英國的頭兩年，一直很想念台灣的家人、朋友。雖然可以打電話跟家人聊天，但是那種隻身一人在他鄉的寂寞感，還是時常籠罩心頭。

　　此外，語言的隔閡，更是讓我屢屢受挫。不僅聽不懂老師講課內容，也因為英文說得不好而難以跟同學交流。到了大學，我還因為科系實際上課內容與我想像不符，而感到上學很痛苦……

　　我很喜歡畫畫、欣賞藝術，選大學科系時，我很快就有了目標：插畫與平面設計。

　　然而實際上了大學，我發現自己對藝術固然有興趣，卻沒有創作天分。光是要有靈感進行創作，就足以

花費我大量時間，更不用說設計出我自己滿意，也讓老師點頭的作品。

對自己要求高，卻又達不到要求的這種狀態下，我採取了表面上最簡單的方式：逃避。

我開始排斥畫畫，也不想認真在課業上。同時間，我還經歷了失戀之苦，根本無心於學業。我只想著：「把作品集做完，能畢業就好了吧！」也沒想過畢業後要做什麼。

當然，我一度也想過要轉系，但是一路陪伴我的留學顧問，聽到我想轉系，跟我深聊許久。她溫柔地對我說：「感情的問題，我幫不上忙，但是我自己也有類似的經驗……」她與我分享了自己的感情史，從她的經驗，我獲得了一些安慰。也才明白，原來因感情而苦的人，不是只有我一個。

再者，她認為我放棄已經讀到一半的大學而轉系，很是可惜。加上我也不知道我想轉去什麼科系，單純只是為了逃避，因此她鼓勵我堅持一下。見我苦惱於論文，甚至還陪伴我發想論文題目、告訴我撰寫注意事

項，同時也建議我去上英文寫作班，學習專業格式的寫
作技巧。

　　在感情壓力與學業壓力雙重轟炸的狀態下，每個
人都會需要一個指引，帶領自己走出低谷。這個人可能
是朋友、情人、家人，而支持我度過困難與挫折的人，
是我的留學顧問。要是沒有她，我或許無法順利畢業、
拿到文憑。

3　畢了業就可無縫回台工作？你得先搞懂規則

　　曾有一個不是我們服務過的男學生，到我們辦公室抱怨，他辛辛苦苦修完國外醫學系學位，結果回台灣卻不能直接換照，得經過教育部學歷甄試通過才能在台灣考照，浪費他大量時間。

　　這個案例讓我們必須特別提醒同學，國外特定科系，如醫學系、法律系、會計系的學位、證照、執照，台灣不見得承認，就算承認，換證、換照、通過台灣國考也是一大問題。這些規則都是要事先了解的。

◗ 牙醫系回台考照要排隊

　　台灣牙醫師每年名額有限，不管當年有多少人取得專業學位、通過國考，通通都要「排隊」等候臨床實作。所謂排隊，根據衛福部訂定的《國外醫學及牙醫學畢業生臨床實作訓練選配分發作業要點》明載：「國外醫學、牙醫學畢業生，經醫師或牙醫師分試考試第一試及格者，得向本部申請選配分發。本部得依國內醫事人力供需狀況核算，逐年訂定公告前項選配分發之名

額。」

除了取得臨床實作資格需要排隊，之後還得通過臨床實作、考試，最後才能執業。此外，牙醫師與一般醫師同樣有外國學歷認可問題，特定國家學位並不被台灣承認，回台得重新通過教育部學歷甄試。

排隊有多難排呢？根據新聞媒體報導 2014 到 2018 年間，持國外學歷回台考國考，取得牙醫師證書的總數有 297 人。

然而分發到國內醫院臨床實作一年的名額僅約 50 個。

台灣一年有近 400 人的牙醫系畢業生，加上海外歸國的牙醫系學生每年有近百人。僧多粥少的情況下，拿到台灣牙醫師執照可能耗時 5 至 10 年。

有意出國就讀牙醫學系的同學，務必先瞭解回台可能面臨的狀況，提早做好生涯規劃，預留臨床實作、等待期時間，才不會手忙腳亂。

＊近期的爭議，就是立法院於 2022 年 5 月，三讀通過《醫師法》部分條文修正，審核從嚴是好事，不過附帶決議，對之前 9 大地區國外學歷畢業生一次性開放，取消實習限額，引發學界與業界反彈。

⊃ 金融、法律相關科系回台銜接也要注意

以會計師證照來說，我們也遇過同學詢問，他在國外考到會計師證照，回台能不能執業呢？答案是不行的。

以美國為例，由美國會計師協會（American Institute of Certified Public Accountants，簡稱美國 CPA）發放的會計師證照雖然具有一定公信力，但同學還是得考台灣會計師證照才可在台灣執業。不過因為美國會計師執照受到國際高度肯定，若考生拿美國會計師執照報考台灣會計師考試，可以免考部分專業科目，如中會、成會、高會。

雖無法直接轉換證照，但取得美國會計師執照對學生也是利多。除了可以部分科目免試，若求職的公司有美國會計業務需求，多一張證照也就多一個機會。在部分國家，美國會計師執照可以直接轉換當地會計師證照，例如加拿大。

除了會計，法學院也是許多台灣學生出國留學的熱門選項。在國外考取的律師執照能否回台執業？答案也是不行。但是，這不代表考了國外律師執照沒有意義。甚至對於已經在台灣讀完四年制法學學位的同學來說，出國多拿一張證照對自己的職涯發展也有很大幫助。

以澳洲來說，澳洲 JD 一直以來受到各國留學生歡迎，除了學費低廉，澳洲 JD 還可折抵部分台灣四年制法學學位學分，最

多可達 1.5 學期。除此之外，澳洲法學院 JD（至少雪梨大學、新南威爾斯大學）可通過美國律師協會（ABA）的學歷認證，應試紐約州律師考試，相較於美國也有較長的畢業後工作簽證（澳洲 485 工作簽證 2 至 4 年，美國 OPT 1 年工作簽證）。加上取得澳洲 JD 學位，不需額外考照，可留在當地執業，進而取得永久居留權。門檻低、前景看好，讓澳洲 JD 成為許多國際生選讀法學博士的首選，更是有移民考量的同學最佳選項之一。

法律學位分好多種？

在歐美，法律學位常見到三種縮寫：LLM、JD、SJD，分別代表什麼意義呢？

LLM：Master of Law 的縮寫，中文稱「法學碩士」，是一年制的法學高級進階課程。

JD：Juris Doctor 的縮寫，中文稱「法律博士」，學制通常三年，提供有志成為律師的人學術與實務兼顧的專業法律訓練。

SJD：Doctor of Justice Science，中文稱為「法學博士」，學制一般為三年，學生得以鑽研某一專門法律領域，且多需有 LLM 學位才可就讀。取得法學博士學位後，多往學術研究及大學任教發展。

● 從就業角度思考你的留學計劃

先想好畢業後要做什麼，再回頭規劃留學計劃。我們常說「學以致用」，但卻經常忽略「能不能用」。

從前述例子大家可以發現，拿到特定學位、證照回台可能無法替自己加分，如果沒有先設想好會有這些狀況，等到要回國時就會像我們一開始舉的例子，白白浪費時間。所以在諮詢階段，我們會從以下兩個面向協助學生：

- 了解學生的畢業後生涯規劃，預先告知該職業在國際的發展性。
- 協助學生研究該科系、證照回台灣是否能無縫接軌。

所有的優劣分析，我們皆會清楚告知學生。學生了解了未來就業可能會碰到的證照、學位銜接問題，做出適合自己的決定，就可以放心的規劃留學計劃。

出國留學前先找顧問了解未來換照、考照問題，你的留學生涯將更踏實也更有目標。

「我很清楚我的未來在國外」，以職涯規劃選定最佳留學國

● 徐同學
現讀澳洲新南威爾斯大學法律博士學位

　　我從大學就開始讀法律，但我很清楚，我沒有想要在台灣當訴訟律師，也不想出庭辯護。所以我立下目標，未來要到國外求學，鑽研法律。

　　大學畢業後，我因為對商學有興趣，決定升讀企業管理研究所。取得碩士學位後，我申請了英國學士後法律文憑學程（Postgraduate Diploma in Law，簡稱 PGDL），並轉往澳洲攻讀 JD（通稱「法律博士」，但僅等同於台灣碩士學位）學位。

　　我之所以選擇澳洲而非英國，考量的是澳洲 JD 學位拿到後，在當地找工作較輕鬆。顧問告訴我，通過澳洲律師執照，要找到實習機會不難，六、七成的學生都有實習。相比之下，英國學生能取得實習機會只有三成，且外籍生機率更低。但英國學士後法律文憑學程對我來說並非毫無幫助，它幫助我奠定了大英國協法系的

基礎，這也是許多國家相當看重的能力。

有了工作，想要在澳洲定居，甚至移民也不是問題。澳洲針對不同職業會給予不同移民分數，律師可以加分。所以我只要拿到工作簽證，待個二、三年，就可以拿到永久居留身分。

所以每當有人問我，該去哪個國家念書，我都會請對方先思考是不是要待在當地就業，如果是，那意味著有很大機率也想移民。假設不挑科系，可以直接把留學國的移民分數表單找出來看，查詢移民分數高的職業與科系作為選系依據。像是在某些國家，醫學院畢業的同學在執業後就會達到移民的分數門檻。

一路走來，我的目標算是很明確，我想要在國外當非訟律師，甚至進企業擔任商業法律顧問。專業顧問也幫我研究，要讀什麼學程才能符合當地就業資格。多虧了顧問，讓我可以全盤了解、吸收這些龐雜資料。

4 畢業後工作簽證沒處理好，神仙也救不了

那天我們接到一通電話，來電的是一個最近剛畢業的英國留學生，我們以為他是要來跟我們報喜在當地找到工作了。沒想到，他劈頭就問：「老師，我剛回到台灣，我想申請英國『畢業後工作簽證』（Post Study Work Visa）該怎麼申請？」

聽到這個問題，我差點沒暈過去，只能先深呼吸，再跟他說：「你回台灣才問我，現在連神仙都救不了你。」

➲ 那些你以為沒什麼的工作簽證細節

為什麼會說連神仙都救不了？因為英國畢業後工作簽證申請三要件：簽證到期前提交申請書、檢附畢業證明、不可出境，他已經違反最後一個要件，直接喪失資格。就算我們想，也幫不了他。

我們知道很多學生都有留在國外就業的考量，但工作簽證的眉角很多，要在出發留學前、畢業前、甚至選科系前就要提早規劃好。以下分享幾個關於簽證的要點：

各國簽證規定大不同，避免漏掉細節

世界各國紛紛利用工作簽證吸引學生留在當地就業，藉此留住人才。所以首先最要了解的，就是每一個國家的工作簽證發給辦法。舉例來說：

- 加拿大最長會發到三年的畢業後工作簽
- 荷蘭有一年畢業後工作簽
- 英國讀一年碩士可拿到兩年畢業後工作簽
- 法國要有碩士以上或技職類學士的文憑能申請為期一年的臨時簽證，目的在給予時間轉換成正式工作簽。

了解工作簽證規定，接下來就是要找出有沒有可能導致簽證無法發放的「可能」。以下我們舉兩個經常被詢問工作簽證問題的國家，給大家參考：

- **日本──小心反悔被列黑名單**

日本工作簽證分成：就勞簽證、特定技能簽證、高度人才簽證，每一種簽證適用的業別不太一樣，請見下方表格：

日本簽證種類與規定

	就勞簽證	特定技能簽證		高度人才簽證
		特定技能 1 號	特定技能 2 號	高度專門職 1 號 高度專門職 2 號
業種	1. 教授 2. 藝術 3. 宗教 4. 報導 5. 經營管理 6. 法律、會計業務 7. 醫療 8. 研究 9. 教育 10. 技術、人文知識、國際業務 11. 企業內轉勤 12. 介護 13. 技能 14. 技能實習	1. 護理 2. 建築物保潔 3. 機械零部件及模具行業 4. 工業機械行業 5. 電器和電子信息行業 6. 建築 7. 造船與船舶工業 8. 汽車維修與保養 9. 航空 10. 住宿服務 11. 農業 12. 漁業與水產養殖業 13. 食品與飲料加工 14. 餐飲服務行業	1. 建築 2. 造船與船舶工業	1. 高度學術研究活動 2. 高度專門‧技術活動 3. 高度經營‧管理活動
日語能力	需注意個別簽證的日語能力要求			

日本簽證種類與規定（續）

	就勞簽證	特定技能簽證		高度人才簽證
		特定技能 1 號	特定技能 2 號	高度專門職 1 號 高度專門職 2 號
攜眷	可以	不可以	可以	可以
居留期限	期滿可延簽 無期限	最長 5 年期限	期滿可延簽 無期限	1 號：5 年期限， 滿 3 年符合資格，可轉換成專門職 2 號 2 號：無期限
永住權	居住滿 10 年 符合資格 可轉換申請	不可申請	居住滿 10 年 符合資格 可轉換申請	居住滿 3 年 符合資格 可轉換申請／ 高度專門職 2 號 快則 1 年可申請

　　可以看到，特定技能簽證雖然門檻低、容易申請，但也有較嚴格的居留期限，所以多數台人偏好申請就勞簽證。

　　但不管申請哪一種簽證，都需要經過日本層層關卡審核，最後經由「日本入國管理局」發出「在留資格認定證明書」才可在日本工作。因過程繁複，加上日本的國情文化，若申請過後卻放棄入國，就會被貼上不可信任標籤，將來想再申請就會變得困難許多。

※當心！打算申請日本工作簽證前，一定要想清楚再行動。避
　免被列入黑名單，日後難以赴日工作。

● **英國──小心被迫離境喪失畢業後工作簽證申請資格**

　　英國許多大學都有提供實習年（Placement Year），讓同學
在大學期間可以有一年的實習工作機會，只需具備學生簽證身分
即可申請。但要特別注意的是，如果課程銜接期間超過三個月，
學生簽證就必須重新申請。之前我們有同學，在修課過程中，因
為有科目不及格，擋修第二學期的課程，造成 3 個月的空窗期，
雖然學生簽證在效期內，但還是得重新申請簽證。

　　此外，前面提到的畢業後工作簽證三要件，想必大家已經很
清楚一定要留在當地才可滿足申辦要件。但有些同學並不是不知
道這規定，而是「被逼得需要離境」。舉例來說，某同學碩班簽
證時間到 2023 年 1 月底，如果簽證到期前還沒完成課業，例如
學分數未達畢業門檻、論文未通過等等，就必須離開英國。一旦
離開英國，就會喪失畢業後工作簽證申請資格。

※注意！同學一定要留意自己的學業進度，以及簽證到期日。
　萬一不幸遇到上述狀況，可以跟系上老師討論，看能否多延
　一個學期，讓你順利畢業。

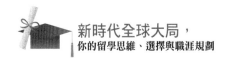

也提醒同學們，如果僅剩論文沒過，學校是有權不許可延簽。去年有同學成功延簽，是因為論文主題涉及到英國的難民，這個研究主題在海外資料不多、也因此系所才破例給予延簽。

科系影響畢業後工作簽證長度

以美國來說，就讀不同系所、學院，都可能影響畢業後工作簽證長度。像是文學、商學院畢業的學生，原則上可獲得12個月的畢業後工作簽證（Post-Completion Optional Practical Training，簡稱畢業後 OPT）；但若是就讀理工科與 STEM 導向課程（STEM 分別代表科學 Science、科技 Technology、工程 Engineering 和數學 Mathematics 四大類學科），就是結合科學、科技、工程以及數學 4 個專業領域的新興課程，則可獲得額外 2 年的畢業後工作簽證。近幾年，有 STEM 與商科、社科、藝術類的整合課程，所以慎選課程，對自己的留學規劃大有幫助。

現在許多課程都有 STEM 導向，不限制於理工相關學科，以商學院為例，伊利諾伊大學芝加哥分校（University of Illinois Chicago）研究所的商業分析碩士和金融碩士、加州大學河濱分校（University of California，Riverside）的 MBA，或是艾德菲大學（Adelphi University）的供應鏈管理碩士都是 STEM 導向的課程，提供給商學院同學參考。

※ 注意！這並不意味我們鼓勵大家赴美就只能讀 STEM 導向的
　課程，而是可以在出國留學前，先把畢業後工作簽證的時間
　考量進去，讓你的留學計劃更完備。

德蒙福特大學是位於英國萊斯特市的公立大學，學校相當注重畢業生未來職業發展，設置許多與專業需求相連的獨特課程，促進學生畢業後可以在產業界良好發展。該校藝術設計學院在學術界享有盛譽，例如鞋類設計（Footwear Design），全英僅有三家大學開設有此課程。照片拍攝於德蒙福特大學校本部。

⊃ 加速取得工作簽證的妙計

如果你已經非常清楚留學國、學校的工作簽證規定，接下來我們可以思考的是，如何提升申請工作簽證的成功機率以及加速申請流程。

英國：在留學前先取得工作經驗

雖然英國大方給予畢業後工作簽證 2 年的福利，但能不能找到工作，各憑本事。如果在畢業後工作簽證到期前，你仍未找到工作，依舊得摸摸鼻子，離開英國。

所以我們經常建議同學，如果在台灣就讀大學，畢業後不妨先在台灣工作一段時間，再到英國申請碩士。畢竟我們站在英國雇主的角度想，你會想僱用一個沒有任何工作經驗的碩士生，還是一個有工作經驗的碩士生？答案顯而易見。

美國 OPT 要求，工作內容需要與所學相關，但是英國的畢業後工作簽證，並沒有如此嚴格的規定。

日本：畢業前就將工作確定下來

日本學生通常會在大三、大四開始密集參加就職活動投履歷，一般人都可以在畢業前成功卡位。這個文化對外籍生來說顯得格外重要，因為日本並無畢業後工作簽證制度，一旦畢業後沒

有獲得公司聘書，就難以在當地申請就勞簽證，沒有就勞簽證，就必須離開日本。

因此建議台灣學生赴日就讀大學，不妨在畢業前即早卡位職場，省去必須回台找日本工作、重新申請就勞簽證的麻煩。

● 提早準備畢業後工作簽證，不留遺憾

從各國工作簽證制度到不同科系影響畢業後工作簽證長度，這些在申請工作簽證時都可能面臨的問題，其實只要提早準備都能一一化解。站在顧問的角度，我們會給予學生以下協助：

● 在學生留學前就先介紹當地、該校的工作簽證制度，讓學生心裡有個底。

● 督促同學，在留學期間好好規劃未來的路程。尤其是有畢業後工作簽證壓力的英國留學生，我們更是會請他們在學期前仔細研讀學校發的手冊，看清楚考試、作業格式，因為我們就曾有碩士生同學因為引用資料格式錯誤而沒拿到學分。

工作簽證細瑣又繁複，但有顧問的仔細剖析，加上學生自主管理，相信畢業後要留在當地工作，絕對不是難事。

「你讀的科系與未來職業不見得直接相關」，基因工程博士轉戰英國旅行、民宿產業

● 林博士

畢業於英國大學學院基因工程博士
現於英國從事旅行、民宿、房地產相關工作

　　很多人聽到我有基因工程博士都很訝異，因為我現在做的事情跟我的博士學位毫無關係。

　　我們家有公司，但我爸媽沒有給我們壓力承接家業，反而希望我們找到自己想做的事情。所以我從大學到碩士班、博士班，都不斷思考我自己可以做什麼。

　　當時就我對基因工程博士畢業後的出路認知是：助教，而且我以為只能當助教，因為若要拿到藥廠聘書，他們會要求至少有 3 至 5 年工作經驗。所以我拿到博士學位後就開始努力找工作。但找了半年，我一張聘書都沒拿到，我每天以淚洗面不敢讓家人知道。

　　在那個時候，其實我已經開始做民宿、旅遊業了。起因是因為朋友的房子要找室友，於是我在「Hello UK！」網站上刊登短租（short term rental）公告，沒

想到真的有台灣人租了。是那個台灣人跟我說這在台灣叫民宿，我才了解有民宿這個營運模式。

後來我把姐姐空下來的房子改成民宿，同時因為有客人反映在英國參加當地旅行團，都聽不懂。於是我又去考了當地華人協會頒發的紅牌嚮導證，帶起旅行團。同時因為我的民宿經營需求，我必須時時關注房地產訊息，加上我喜歡看都市計劃、房產波動等新聞，因緣際會下開始幫客人買賣房地產。最後與當地地產公司配合，做起房屋買賣仲介。

這些工作途徑雖然是我自己走出來的，但我也會滿懊悔，當初博士班時沒有求助專業顧問。因為跟我一樣拿到基因工程博士文憑的同學，後來竟然去金融業上班。我深入了解才知道，金融業需要來自各個領域的人才，幫助他們拓展不同面向的業務。而且，我後來查資料發現，英國拿到博士學位的人，有七成不做本科系工作。

這些資訊，如果當時有專業顧問告訴我，我就不必每天擔心工作的著落了。

5 出國念書兼淘金，細數留學帶來的附加價值

「孩子在這間學校，可以擁有國際生活經驗、習得紮實知識，而且將有機會結識歐洲許多企業家、政治要人的子女哦……」我對一對父母親解釋送孩子出國留學的好處，卻被意外打斷。

「和誰交朋友，不都很好嗎？出國留學，有必要考量這麼虛榮的事嗎？」

這對家長可能沒想過：對於某些家庭來說，小孩出國留學，跟家庭事業、生涯規劃有著密不可分的關係。在這樣的情境下，思考留學後能建立開展的人際關係，是非常務實的考量。

⊃ 獲得移民機會

小孩出國留學後，如果在當地多年求學，待得夠久，通常可以拿當地長居身分，甚至公民身分。如果是年紀還小的孩子，其家長也可以拿到「陪讀簽證」，到當地生活好一段時間。

在這個簽證制度之下，父母親有一方可以陪同 4 至 11 歲的

孩子前往英國就學。

陪讀簽證只能到小孩滿 12 歲，如果家長還想要留下來，只能換不同的簽證型態（工作簽證、創業簽證、學生簽證等）。一般來說，申請陪讀簽證時，如果小孩已經滿 11 歲，是會被拒簽的。也要提醒，陪讀簽證是不許可工作的。

有了陪讀簽證，家長可以「順理成章」的移居他國，不但拓展視野，而且替未來移民做準備。透過留學，許多家庭達成移民規劃，在新國家展開人生、發展事業、建立新的人際關係網絡。

英國住宿中學設備優良，校園內還有劇院、圖書館、音樂學院、體育館、室內溫水泳池、9 洞高爾夫球場、射擊場、160 英畝運動場、樹林和花園、教堂等等。照片攝於比爾頓莊園預備學校（Bilton Grange Prep School）的遊戲區。

⊃ 孩子留學而有拓展家庭事業的機會

我們輔導過許多學生家裡經濟狀況都不錯，甚至經營一定規模的企業。舉例來說，有一個學生家裡從事國際貿易，孩子高中畢業後，父母就送他到英國讀國際貿易。

當家族事業本身有國際貿易需求，或是希望將本土企業拓展到國外，加上孩子有接管家庭事業的規劃，往往會搭配孩子的留學機會，在國外進行業務拓展。

這位家裡從事國際貿易的同學，一方面是他自己有興趣，一方面則是考量合作商多半在英國、歐洲。他在當地就讀時，可以一邊讀書，一邊了解當地市場，幫助家裡了解市場動態，取得更好的市場優勢。

⊃ 藉由孩子所學專業，建立新的國際業務

如果孩子年紀較大，已經到了就讀大學、研究所的年紀，而且孩子也有意經營家庭事業。有些家長會鼓勵孩子深入了解留學國或是鄰近國家的市場概況，運用所學專長，進一步拓展家庭事業版圖。

舉例來說，歐盟最快將於 2023 年開徵碳關稅，也就是針對高碳排的產品，如鋼鐵、水泥等製品額外課徵碳關稅，希望藉此降低碳排放。當某個企業家族中有個孩子在歐洲讀書，可以接觸第一手新聞、法令、資訊、企業商情。他就可能直接開創公司經

營碳權，和在台灣的家族事業呼應與配合。

舉一個我們輔導對象為例，她是某上市公司的千金，遠赴英國就讀研究所，就是為了瞭解英國、歐洲的商務市場狀況。除了擔任家裡事業的軍師，同時還能幫助家裡洽談到新的商貿機會。

⇒ 留學效益極大化

當我們解釋完這些給心有存疑的家長聽之後，家長們往往都能理解，甚至好奇的深入詢問更多細節。原本認為是虛榮心的誤解，也煙消雲散。

如果家長與孩子達成共識，可以在留學之餘替家庭帶來更大效益。我們會協助家長構思準備：

● 先從最基本的移民法規開始了解，需分析留學國的移民規則、途徑。

● 若家庭有業務發展的需求，以及孩子有承接家業的計劃。需針對家庭事業的性質，推薦孩子適合的科系與學校，把時間、金錢花在刀口上，讓孩子的所學，與家族事業的需求互補。

● 不同國家的發展趨勢、經濟相關政令法規不斷與時俱進，我們也是時時刻刻密切關注，並向家長、學生分析不同留學國可能帶來的機會與效益，例如先前英國脫歐可能給房地產帶來的影響、碳關稅政策對進出口貿易的衝擊等等。

第 3 章

留學時機，可能性多於你的想像

1 孩子適合幾歲留學？這題沒有正確答案

「老師，我該讓孩子在這麼小的年齡出國留學嗎？」一名爸爸憂心忡忡地問我。

很多家長都相當清楚，趁早讓小孩出國求學好處多多，從最表層來看，孩子可以學一口流利外語，甚至聽不出是非母語人士；再往深層一點看，還可以培養孩子的獨立性、習得當地文化精髓等等。

然而，他們自己卻不確定，到底要年紀多小送出去比較合適，以及該不該在孩子那麼小的時候送出國留學。

⊃ 各階段出國留學的優點與隱憂

我們輔導過許多低齡留學的案例，從前期諮詢到送孩子出國，一路密切關注孩子在當地的適應狀況。以下歸納出幾個學齡階段，孩子可能碰到的挑戰，以及有什麼優點。

14 歲以下

優點：可快速融入同儕與環境

隱憂：獨立生活能力可能不足

歐美相當重視孩童的戶外教育，以英國來說，傳統公學甚至會教授馬球，孩子得從護具、馬具以及相關知識開始學起，最後真正上馬比賽。對於 14 歲以下的孩童來說，戶外活動可以讓他們玩在一起，進而快速融入同儕，未來也有共通的回憶與話題，真正成為當地主流群體的一份子。

但 14 歲以下的孩子獨立生活能力讓父母免不了擔心。我們就曾碰過，有一個小孩在英國留學，某天跟爸媽視訊，爸媽被他的光頭造型嚇了一跳。細問之下才知道同寢室的同齡孩子染上頭蝨，導致全寢室的人都要剃光頭。這樣的情況頗讓家長哭笑不得。

除此之外，不同文化背景下，鼓勵的運動型態，也讓家長擔憂。當家長被校方要求，要替滿 10 歲的女孩子準備護齒套（mouth guard），必須要參加不熟悉的曲棍球（hockey）運動，可以想見家長多驚恐。我們常遇到家長要求寫信告知學校，拒絕參加該項運動（但是多半會被否決）。

這年紀的孩子可以快速融入群體，但對於沒有爸媽照顧的生活，多少還是會不習慣。尤其亞洲家長通常會盡量滿足孩子需求，可是到了國外，孩子必須靠自己生活，不再能當個飯來張

英國私立中學注重五育均衡，大部分的學生都有各自喜好的運動。因此在校園中，常可以看到準備去運動場的同學。照片拍攝於博士山中學（Box Hill School）。

很難相信，這是英國中學校園的一部分。當天正好有學生要練習騎馬，所以請他讓我們拍張照片。 拍攝於西德科特學校（Sidcot School）。

口、茶來伸手的小少爺或小公主。如何讓孩子具備國外獨立生活能力，是出發前要提早準備好的課題。

14 至 16 歲

優點：獲得充足的生涯摸索機會

隱憂：要獨自適應情緒波動大的青春期

這是一個「小大人」的階段，孩子的腦中開始出現各種天馬

行空的想法，對於自己的未來也開始有一些雛形。

以英國來說，15 歲剛好面臨升學的關卡，在多元的學涯途徑之下，例如普通教育高級程度課程（A-Level，升大學前的擴充教育，為期兩年）、IB 國際教育文憑課程（為一獨立資歷架構，受到多國教育體制認可，同樣是升大學的途徑）、大學預備課程（Pre-U），學生有很多選擇。如果學生在這個時間點前往英國留學，將可從中等教育普通課程一路銜接到大學。

不過 14 至 16 歲，也是許多孩子正值青春期的年齡。孩子的情緒波動大，也會想要爭取更多自由，例如開始要求有自己的空間、時間等等。可能會需要父母親更多耐心，陪伴孩子度過青春期。

16 歲至大學前

優點：有時間準備升大學考試

隱憂：面臨龐大升學壓力

在英國，16 歲即成年，已經可以考汽車駕照，甚至有些人在義務教育結束後，直接投入工作、做學徒等等。另一群人，則努力準備升大學課程與考試。

若孩子在 16 歲以上出國留學，以英國來說，已是成年身分，將有更多自主權。若是其他國家，也可銜接上高中課程，提前準備升大學考試。

相反地，對於國際生來說，要在異鄉面臨升大學考試，會帶來龐大壓力。尤其語言程度是個問題，以及在還沒能完全適應當地文化、生活時，就要投入升學考試準備，是個不小負擔。

大學以上

優點：擁有自制力以及更成熟的人格

隱憂：錯過職涯探索期、不利爭取更好學校

如果孩子高中畢業，大學才出國留學，往往都已經有明確的目標，也有自己想學的專業。這時期的孩子，已經比較明確知道自己要的是什麼，也會比較有自制力。同時過了青春期，情緒也較穩定，可以專注於學科上。

不過對於某些國家來說，大學才過去就讀，恐怕有學歷銜接的問題。像是英國，台灣高中生畢業才前往英國就讀大學，還得讀為期半年到一年的國際大學預科課程，才能具備申請「部分大學」的資格。之所以強調部分大學，是因為特定名校不接受預科課程學歷，僅收有普通教育高級程度證書或是 IB 國際教育文憑學歷的學生。

此外，歐美多數國家的學生在高中時期會經歷一段職涯探索時期，學校鼓勵同學多參加各種營隊，以及選修有興趣的課程。在這段期間，學生可以找出未來的職業目標，進而幫助他們選擇大學科系。但台灣教育比較重視學科成績，高中生面臨龐大升學

壓力，根本無暇探索自身興趣、找到想做的工作。這也是台灣學生在大學時期才出國留學可能面臨的問題。

研究所以上

優點：更有機會進入名校

隱憂：文化適應程度低

時可聽聞台灣有些大學生，雖然在台灣不是就讀頂尖大學，但出了國卻能申請到不錯的研究所。

如果同學在大學時期打好一定的專業基礎，且有累積一些工作經驗，對於申請國外研究所，非常有利。以歐美來說，研究所看的是專業能力，如果留學考試成績不錯，又能提出完整的學習與研究計劃，通常可以申請到不錯的學校。

不過就讀研究所時，已經 2、30 歲，對於要重新適應一個異地文化，不是件簡單事。

> **想進英國公學要趁早準備**
>
> 　　公學是英國一種高級私立中學（Public school，「Public」是指面向所有人，而非公立之意）。部分公學與王室有關，另外則是由一些較富有的社會人士設立，提供優良傳統中學教育。
>
> 　　英國知名傳統公學，如伊頓公學（Eton College）、哈羅公學（Harrow School），入學時間是 13 歲，但一般來說都會需要提前 3 年開始準備入學考試。
>
> ＊ 關於此主題的詳情，歡迎參看《為何他們克服萬難，讓孩子就讀英國貴族公學？》一書。

⟳ 與孩子找出最合適的生涯規劃

選擇低齡留學，家長無非希望小孩能有更好的發展，但孩子送出去了，真正的挑戰才剛要開始。

對於 16 歲以下的孩子在留學前，我們會針對以下幾個面向跟家長說明：

● 與家長共同擬定跟孩子溝通的機會，向孩子解釋出國念書的必要性，以及可以為他／她帶來的優勢。

● 灌輸家長重要觀念：「永遠讓孩子握有選擇權。」如果孩子一直覺得自己被逼著去做不想做的事，一旦出了國，就會產生被遺棄感，甚至在心中留下陰影。

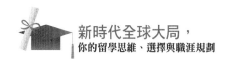
● 挑選適合的監護人／監護單位：在英國，18 歲以下的學生必須要有「合法監護人」。部分英國中學及預科學校（Sixthform College）規定，即使年滿 18 周歲，也要提供英國合法的監護人／監護單位。挑選合格專業的監護單位也是低齡留學相當重要的一環。

留學期間，我們會積極與孩子保持通聯，像是有時孩子有些話不想讓爸媽知道，或是爸媽有些期許，希望可以間接地傳遞給孩子。顧問們可以妥適地扮演孩子與家長間的橋樑。

我們不僅協助人在他鄉的孩子解決各種疑難雜症；同時讓父母親安心，陪同父母親一起規劃孩子的將來，像是升學要讀哪一所學校、什麼科系、未來要從事什麼工作。藉由我們的專業，與父母親的期望，加上孩子的自我期許，共同找出對孩子最有利的生涯道路。

「早點出國就能早點融入當地」，趁早留學英國為升學提前準備

● 林博士

畢業於英國大學學院基因工程博士
現於英國從事旅行、民宿、房地產相關工作

　　15 歲的我，染了一頭金髮，嘴裡叼著一根菸，手中成績單寫著全班最後一名。

　　那時候我的爸媽幾乎是要放棄我了，尤其在看到我的基測成績單，錄取一間不怎麼樣的私立學校。他們認為我的未來不在台灣，便聽從顧問的建議，讓我到英國求學。

　　我是想出國念書的，從小父母親就會趁寒暑假送我出國參加夏令營、冬令營，每次回家，我總會嚷嚷著很想留在國外讀書。

　　但等到真的美夢成真，我卻後悔了。

　　我才知道，原來沒辦法跟台灣的家人、朋友每天通話聊天是那麼辛苦的一件事；一個人身處異鄉的孤獨感幾乎要將我吞噬；每個月僅有 50 英鎊零用錢，讓我

連搭地鐵都感到罪惡。

　　回頭看當時的自己，一度就要放棄學業回去台灣，但幸好我撐了過去。而我也發現，因為順利度過那段孤獨的時光，讓我變得更加獨立與堅強。同時，我也更能跟上學業進度，不會因為英文落差或是文化隔閡而想放棄學業。

　　但可以的話，我希望自己可以更早出國。我看到其他比我早過去的小孩，可以跟當地人打成一片，適應得非常好，讓我真心認為小孩的適應能力很強。而且英國強調自我探索，從小就鼓勵孩子找到自己的興趣，這對未來選系、選校都很有幫助。若年紀大一點才到英國，面對未來會不知所措，不曉得自己能做什麼或是想做什麼。像我就覺得自己晚了。

　　我很慶幸一路上有顧問的陪伴與幫助，在我不知道要選什麼學校時，顧問幫我找到適合我個性、需求的學校，也推薦了我許多意想不到的科系，這些是我自己完全沒有想過的可能性。

2　出國留學選好時機，生涯規劃更容易

　　「我的孩子是不是要在台灣讀完國中義務教育，再去國外留學比較好？」曾有家長走進我們諮詢室後殷切的詢問。

　　事實上，該名家長的煩惱不是單一個案。我們發現很多家長都不是很確定該在什麼時間點送孩子出國留學。有些家長認為完成台灣義務教育是基本；有些認為大學再出國，至少可以照顧自己；有些則認為趁小送出去，才能提早適應當地文化。

　　到底該在什麼時間點送孩子出國留學？沒一個家長說得準。

⊃ 美國：九年級是最佳留學時機點

　　穿著便服，到學校把自己的背包放進個人置物櫃，櫃子裡可能還會貼一些跟同學的合照。接著，學生抱著課本到不同教室上課，下午早早放學，大家還會相約打球、運動。

　　在美劇、電影中常常看到這樣的情景，這是典型美國高中生的生活。

　　美國教育講求開放、多元，鼓勵學生探索自我，如果家長

打算讓孩子在美國長期發展，不妨考慮讓孩子在國二（台灣八年級）時，到美國就讀高中九年級 （Grade 9）。

在美國九年級這個時間點過去，學生可以完整完成四年高中課程（美國高中教育共四年）。而具備四年完整美國高中學歷，日後在美國境內升學就無需提交語言程度證明，也可滿足特定大學需要美國 2 至 4 年學歷證明的條件。同時，在美國就讀高中，還可累積如運動、志工等課外經驗，對於申請美國的大學很有幫助。

⮩ 英國：趁年紀小就過去，未來升學更順暢

與美國相比，英國的話我們會建議家長，若能力許可，不妨早點送孩子過去。如果等到國中畢業才去英國，剛好碰上他們準備中等教育普通證書考試 （GCSE）。在這個期間，傳統學校不可能讓外籍學生插班就讀。

英國從 5 歲入學，到 18 歲完成高中學業；台灣是 6 歲入學，18 歲高中畢業。相較之下，台灣少了英國一年學習時間。而且英國國中生畢業後銜接的是為期兩年的中等教育課程，取得中等教育普通證書，就相當於完成英國義務教育。接下來可以選擇繼續升學，或是就業。

如果孩子台灣高中畢業才想要到英國念大學，除了需要提出語言檢定證明，還要讀英國當地大學或是預科學院的「國際大學

預科課程」半年至一年時間，通過考試才可申請英國當地大學。而且很尷尬的是，讀國際大學預科課程只能申請到「知名度較低的大學」。若想申請名校，就要走另外一條路徑——普通教育高級程度證書（A-Level）。

　　A-Level 課程需要兩年時間才可完成，等同台灣學生得多耗費兩年才有機會上英國知名大學。

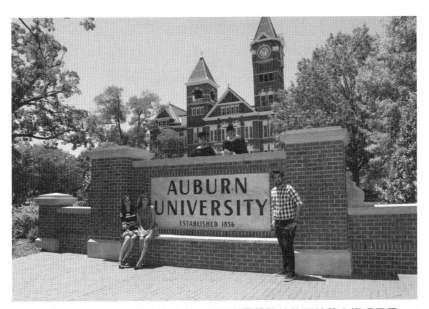

奧本大學位於阿拉巴馬州的奧本市，距離世界級繁忙的亞特蘭大機場只需 1.5 小時車程。阿拉巴馬州的航空航太業和汽車製造業發達，擁有自己的機場，可容納 55 架飛機，這為學生提供更多實習機會，是著名的工科名校。也是蘋果 CEO Tim Cook 的母校！照片由奧本大學提供。

英國公學高年級在讀學生，介紹學校的環境。學生當值時，會披上代表榮譽的袍子，其他同學看到就會知道對方在工作中，是代表學校榮譽，不會過來干擾同學介紹。可以擔任這工作的，都是成績優異的同學。拍攝於奧斯沃斯特里公學（Oswestry School）。

基督公學（Christ's Hospital School）的新生報到日。在學校餐廳聽校長介紹學校的重要成員，歡迎各位新同學加入。每個新同學都會有一個學長姐，暱稱為「學伴」（Buddy），幫助同學盡快融入環境。

　　因此，我們建議有意送孩子到英國求學的父母親，不妨在能力範圍內，讓孩子在國小畢業，或是國二前到英國求學。盡早銜接英國學制，未來升學將更順暢。

⬣ 日本：大學以上選擇多、發展多元

　　日本文化深受台人喜愛，連帶的，也有很多學生受到日本文化影響，希望可以到日本當地求學、就業。

　　日本並不鼓勵低齡留學，直到 2015 年，才放寬留學生的年齡下限。但是在低齡留學部分，限制還是比較多，須滿足各個學校的規章。因此，如果考慮到日本留學，建議是從 18 歲開始。不過，日本境內的國際學校限制就比較少。根據彭博報導，英國幾間著名的私立貴族學校哈羅公學、拉格比公學（Rugby School）與墨爾文學校（Malvern College）都正在日本建設新校區。其中哈羅日本安比國際學校，已於 2022 年正式招生。

　　以我們輔導過的例子來說，有一個學生擔心自己貿然休學跑去日本唸書是個錯誤，因此先到某專門學校（針對特定技能培訓的學校，如製菓、室內設計、建築等）附設的語言學校，學習一年的日文與適應日本文化。

　　會如此建議，是因為日本大學多為日語授課，必須附上日語檢定成績（至少 N2），以及日本留學試驗認證才可申請。對於日語不好的學生來說門檻相當高。

　　唸完語言學校，若日文程度達到 N2 以上，可以考慮申請日本大學；倘若只想學一技之長，日本也有技職體系的學校可供選擇；如果日文不好但英文很好，則可報考全英語授課的大學課程。講到這，相信你已經發現，日本高等教育的出路相當多元，建議有志到日本讀書的同學，不妨以大學、研究所為目標！

● 時間點抓好，一路順暢少煩惱

針對「該在什麼時間點送小孩出國留學」這個問題，我們會：

● 先針對家庭的需求、經濟考量，以及學生的學習能力進行綜合性的盤整。

● 分析每一個國家在不同時間點到當地留學，可能碰到的挑戰，以及優勢。如同我們在這個章節舉例的幾個國家，不同國家在不同時間點留學，會遭遇不同的挑戰。英國太晚去會遇到學制銜接不上的狀況；日本對低齡外籍生的限制比較多。這些都是規劃留學時應考量的因素。

● 「在對的時間點做對的事」，我們相信抓準時機點送孩子出國留學，孩子將來的升學甚至求職之路也會順暢得多。

3 為何他們克服萬難，讓孩子就讀英國貴族公學？

最近有相當多家長想要進一步了解「低齡留學」，這些家長普遍有以下共通想法：

不滿國內教育現狀，希望替孩子另謀出路；

想要透過留學，進而幫助孩子拿到名校文憑、甚至永久居留權；

讓孩子提早出國，增廣見聞、拓展國際視野；

希望增加孩子未來的國際職場競爭力。

無論是哪一個原因，低齡留學已成趨勢，而許多家長更是將目光鎖定「英國」。

⊃ 英國公學所費不貲卻仍搶破頭

說到英國教育，相信不少人會想到住宿中學（boarding school）、九大公學（public school）等著名學校。這些學校大多具有悠久的歷史，且充滿濃厚的「貴族」色彩。怎麼說呢？這些學校除了基本中學課程的學習之外，還會相當注重學生的禮儀、

修養與氣質的培養。

英國公學除了強調氣質、修養教育之外，學費也是貴族等級。住宿中學、九大公學都屬於私立學校（independent school），學費高昂。所以英國一般家庭，大多讓孩子就讀公立學校（state school）與文法學校（grammar school），這兩類學校免學費，可省下不少錢。

然而貴有貴的理由，私立學校無論是教育水平，或是擁有的資源，都比公立學校好上太多。有遠見且有能力的英國家庭也會早早規劃，想盡辦法將孩子送進私立名校。

⊃ 英國公學享譽全球

「公學」這個名稱起源於中世紀的文法學校。當時的教育模式，大多是學生在家中，接受家庭教師一對一的方式上課。少數學生就讀公開招生、在公開場所接受教育的學校——公學，所以公學的英文「public school」，意指面向大眾開放的學校，而不是字面上公立學校之意。

這些公學之所以成為世界知名中學，不僅僅是成績和排名的聲譽，更重要的是公學的「全人教育」培養理念。除了著重學術表現，更強調訓練學生的健全人格、健康體魄、合作觀念、批判性思維、積極生活態度、獨立判斷能力、解決問題的能力等等。這樣的教育理念，讓英國在全球中等教育領域中，直到今日仍享

有盛名。

要想進入這個級別的學校，原則上 8 歲左右就要開始準備，一路歷經註冊、申請、考試、面試等殘酷的「篩選」，才能進入這些夢幻學校。

> **英國男女分校更傑出？**
>
> 歷史悠久的英國，很早就有單一性別學校的傳統。這類單一性別學校一開始只提供給皇室貴族成員入讀，第一所男女混合寄宿學校到十九世紀末才出現。在現今英國中學排名裡，男校／女校往往表現突出，即便男女合校成為主流，仍無法掩蓋男校／女校的傑出表現。

⊃ 想進公學必先了解兩大公學集團

談到英國頂尖私立中學的申請，就不能忽略傳說中的「九大公學」或是著名的兩大公學集團：「伊頓聯盟」（Eton Group）和「拉格比聯盟」（Rugby Group）。

「伊頓聯盟」是由英國校長大會 12 所私立學校組成的協會聯盟，除了私立住宿中學外，也包含僅接受通勤的倫敦私立中學。列表如下：

英國中學各有其歷史，有「名校生搖籃」之稱的布蘭伯特學校（Brambletye School），原本是位於肯特的小型寄宿男校。參訪時老師告知，這所學校的一磚一瓦都是從之前肯特那邊移過來的，充滿歷史。該校是英國重點預備校（feeder school），飾演奇異博士的知名演員班奈狄克康柏拜區（Benedict Cumberbatch），就是該校的校友，畢業後考入哈羅公學。

陪同家長與同學到校參訪，熟悉環境並參加入學考試。學校會定期舉辦開放日（open day），讓有興趣的家庭報名參訪。如果錯過開放日，其實是可以聯繫學校安排家庭參觀。學校通常會要求提交報名資料，讓學校進行初步審查，才能安排時間。照片拍攝於布蘭伯特學校。

	學校	地點	住宿
伊頓聯盟	布萊恩斯頓學校 （Bryanston School）	多塞特郡 （Dorset）	○
	達利奇學院 （Dulwich College）	倫敦 （London）	○
	伊頓公學 （Eton College）	伯克郡 （Berkshire）	○
	海格特中學 （Highgate School）	倫敦 （London）	×
	國王學院學校 （King's College School）	倫敦 （London）	×
	馬爾伯勒學院 （Marlborough College）	威爾特郡 （Wiltshire）	○
	舍本公學 （Sherborne School）	多塞特郡 （Dorset）	○
	聖保羅公學 （St Paul's School）	倫敦 （London）	○
	坎特伯雷國王公學 （The King's School, Canterbury）	肯特郡 （Kent）	○
	湯布里奇中學 （Tonbridge School）	肯特郡 （Kent）	○
	大學學院學校 （University College School）	倫敦 （London）	×
	威斯敏斯特公學 （Westminster School）	倫敦 （London）	○

新時代全球大局，
你的留學思維、選擇與職涯規劃

拉格比聯盟則是由 18 所住宿中學組成：

學校	地點	住宿
布拉德菲爾德學院 （Bradfield College）	伯克郡 （Berkshire）	○
查特豪斯公學 （Charterhouse School）	薩里郡 （Surrey）	○
切爾騰漢姆學院 （Cheltenham College）	格洛斯特郡 （Gloucestershire）	○
克利弗頓學院 （Clifton College）	布里斯托 （Bristol）	○
哈利伯瑞中學 （Haileybury College）	倫敦 （London）	○
哈羅公學 （Harrow School）	倫敦 （London）	○
墨爾文學校 （Malvern College）	伍斯特郡 （Worcestershire）	○
蒙頓康學校 （Monkton Combe School）	薩默霍特郡 （Somerset）	○
奧多中學 （Oundle School）	劍橋郡 （Cambridgeshire）	○
拉德利公學 （Radley College）	牛津郡 （Oxfordshire）	○
雷普頓學校 （Repton School）	達比郡 （Derby）	○
拉格比公學 （Rugby School）	華威郡 （Warwickshire）	○
聖愛德華中學 （St Edward's School）	牛津郡 （Oxfordshire）	○

拉格比聯盟

學校	地點	住宿
思貝禮學校 （Shrewsbury School）	什羅普郡 （Shropshire）	○
斯多中學 （Stowe School）	白金漢郡 （Buckingham）	○
阿賓漢姆學校 （Uppingham School）	萊斯特郡 （Leicester）	○
威靈頓公學 （Wellington College）	伯克郡 （Berkshire）	○
溫徹斯特公學 （Winchester College）	漢普郡 （Hampshire）	○

這兩大公學聯盟都有非常多知名傑出校友，同時也擁有豐富的資源。學生不僅學術成績優異，在各種領域也都有突出的表現。每年有許多從這兩大聯盟畢業的學生進入牛津、劍橋、美國長春藤等全球知名院校。

⊃ 頂尖公學優秀的升學表現

最後，我們特別把著名的幾家公學榜單撈出來，讓大家「聞香」一下，看看這些公學的學生有多優秀：

伊頓公學

- 2020 年 A-level 成績 A*-A 比例：80.8%

- 2020 年 GCSE 成績 9-7 比例：96.5%

- 畢業生大多數進入英國最負盛名的五所菁英大學，每年約三分之一（60 至 100 名）的學生入讀牛津、劍橋。不僅如此，海外的榜單也相當優異。2019 至 2020 學年有 41 名畢業生收到了包括哈佛、耶魯、史丹福、普林斯頓、哥倫比亞、布朗和達特茅斯在內的美國大學錄取通知單。

哈羅公學

- 2020 年 A-level 成績 A*-A 比例：超過三分之二

- 2020 年 GCSE 成績 9-8 比例：約四分之三；成績 9 的學生比例超過 40%

- 2020 年超過三分之一的畢業生進入了世界排名前 20 的大學，其中包括牛津、劍橋、史丹福和哈佛等大學。

拉格比公學

- 2020 年 A-level 成績 A*-A 比例：70.5%

- 2020 年 GCSE 成績 9-7 比例：85.9%

- 86% 的畢業生就讀牛津、劍橋以及羅素集團院校；10% 的學生就讀其他歐美名校。2019 年，該校共有 15 名學生前往牛津、劍橋就讀，包含 9 名牛津、6 名劍橋。

　　看到上述學校畢業生的優異表現，你就能了解為什麼一堆父母搶著要把小孩送進英國傳統公學了。

4 進入英國貴族公學快車道：重點預備學校

　　大家都知道英國九大公學很有名，也都很想進去，但要怎麼進去？

　　以我們輔導過的學生案例，不要說九大公學，只要是有點名氣的公學，至少在 8 歲就要開始準備與規劃。你可能會想說，「8 歲是要準備什麼？」進公學要通過非常多個關卡，報名申請、成績審核、學術評估、面試等等。沒有專業人士指導，一般家庭很難獨自準備。

　　因此，出現了一個機構，專門幫助小孩成功進入私立名校，這個機構就是「預備學校」（Prep School）。

　　透過預備學校的英國教育帶領下，更能幫助孩子探索、發展擅長領域與特長，讓孩子具備絕對優勢。預備學校除了增強孩子語言能力外，也會讓孩子在學習上更為主動，建立自信心，更能展現個人的能力。也因此，「挑選」與「考入」備考經驗充分的預備學校，絕對是增加申報公學成功率的重要一環。

伊頓公學申請程序

以九大公學中的「伊頓公學」13 歲入學申請為例：

1. 報名申請：10 歲半之前就要報名、提出申請
2. 學術審核：在學學校提出成績單、推薦信進行初步學術審核，通過後才能進入「英國私立學校入學預試」（ISEB Pre-Test）
3. 學術評估：有智力測試、文字推理、數字圖形推理
4. 面試審核
5. 通過 ISEB CE13+（統一入學考試）才能錄取

2022 年新規定：往年報考的學校，會主動替學生註冊 ISEB 考試，但是 2022 年 9 月起，改由家庭個人註冊，並發送考試編號給學校！

⊃ 進入私中的快速走道

現在你知道可以透過預備學校增加進入私立中學的機會，但你可能不知道，這些頂尖私立中學招生時，更傾向錄取「特定重點預備學校」的學生。

根據我們的經驗，部分私立中學會直接「推薦」家長特定的預備學校，但很多學校不會明說。這時我們就得依據歷年的榜單，推斷學校的喜好。優質的預備學校，會很清楚這些頂尖私立

學校喜好招收什麼特質與條件的學生，進而幫助學生進入目標學校。這類重點預備學校，就是所謂的「特定重點預備學校」（Feeder Schools）。

　　預備學校會早早開始輔導家庭挑選目標學校，並預先準備。舉例來說，如果學生目標是伊頓中學，就會針對伊頓中學入學的學術與非學術部分做準備。

英國私立中學都有各自的歷史，隨著時代的推進，依照社會的需求而有所變革。以成立於 1807 年米爾希爾中學（Mill Hill School）為例，是由英國當時的大臣們共同創辦，主要是提供給自己的孩子優質教育。初期是男校，1975 年開始招收女生。

不過要提醒大家，不是所有預備學校都會提供「國際學生簽證」與「住宿選項」。符合要求、需求的學校就那幾間，其入學競爭也就更加激烈。

⊃ 熱門預備學校

英國傳統公學與私立名校都有主要的學生來源，也就是前一段我們提到的「特定重點預備學校」。

概略來說，這些學校可以分為兩大類：

- 第一類：輔導學生進入頂尖中學
- 第二類：直升入學比例特別高的預備學校，概念像是國內著名私立學校的附設小學。

我們輔導過的一位同學近期錄取了比爾頓莊園預備學校、漢克洛斯公園學校（Han-dcross Park School）和布蘭伯特學校，都是屬於英國重點預備學校。其中布蘭伯特學校就是屬於第一類的學校，而比爾頓莊園預備學校與漢克洛斯公園學校則是屬於第二類學校。

台灣的家長在英國中學的訊息上，相對不如香港與中國富裕階層家長充裕。不過，有留意英國低齡留學的家長，對於「直升比例特別高」的重點預備學校相對是比較熟悉的，畢竟這些學校

就連英國當地學生也搶破頭要進去。而這類重點預備學校在比例上以通勤學校佔多數，也因此有提供住宿選項的學校競爭會更加激烈。

以下列出相當受歡迎，且有住宿選項、男女合校的重點預備學校名單：

● 比爾頓莊園預備學校

九大公學中拉格比公學的直屬學校，男女合校，直升率 50% 以上。

● 帕克伍德預備學校（Packwood-Haugh School）

九大公學思貝禮學校（Shrewsbury School）的直屬學校，男女合校，直升率 30 至 35%。

● 鷹屋學校（Eagle House School）

拉格比聯盟中威靈頓公學的直屬學校，男女合校，直升率 50 至 60%。

● 漢克洛斯公園學校

英國著名私立學校布萊頓公學（Brighton College）的直屬學校，男女合校，直升率 30%。

如果要鎖定單一性別學校的話，可以參考以下學校：

● 皮爾格雷姆斯學校（The Pilgrims' School）

九大公學溫徹斯特公學的直屬學校。只收男生，直升率 43%。

● 格德斯多女校（Godstowe School）

與英國頂尖女校威雅公學（Wycombe Abbey School）有密切關係的女子學校。

特別提醒，提早進入預備學校，是進入英國頂尖公學、著名私校的捷徑，但不代表未來學習就一帆風順。影響孩子學習的因

莫頓霍爾女子中學（Moreton Hall School），是 Ellen Lloyd-Williams 於 1913 年成立，為其家族成員提供教育開辦的，佔地一百英畝。學校設有牛津劍橋輔導課程，替成績優異和讀報讀醫科、牙科和獸醫的學生作升學輔導及準備。

素有很多，對於希望提供孩子優質教育的家庭，提早規劃與部署相當重要，不過也要考量孩子的性格特質與成熟度，不見得每個孩子都適合低齡留學，有低齡留學規劃的家庭務必要審慎評估。

⊃ 孩子還小，家長可以陪讀嗎？

很多家長都會詢問，因為不放心讓孩子一個人在國外讀書，希望可以陪伴孩子一起出國就讀。

針對這個問題，我們有 3 個常見方法提供給家長參考：

辦理陪讀簽證

部分私立中學可以核發陪讀簽證。如果孩子未滿 12 歲，父母可以申請陪讀簽證。第一次 12 個月，之後可以在英國延簽 12 個月。

但要特別注意，如果小孩在申請簽證時已滿 11 歲，英國政府通常不會發給家長陪讀簽證。此外，陪讀簽證雖然不需要檢附語言檢定證明，但陪讀的家長不得在英國工作，也不能申請就讀學校，生活發展會受到很多限制。

家長申請投資移民簽證

孩子可以上免費的公立學校或通勤的私立學校。

家長也拿學生簽證

家長也申請就讀當地學校，取得學生身分與簽證資格。

除了陪讀，很多家長也會詢問：「那我的孩子可以取得英國公民身分嗎？」針對這個問題答案是「可以的」。孩子在未滿18周歲前在英國連續居住滿 7 年，是有機會符合「兒童七年永居」，即便不符合，居留滿十年，如果出入境符合要求，是可以遞交「十年永居申請」。但要注意的是，陪讀的家長不適用喔！

比起一般人要申請永居，必須在英國長期居留滿 10 年，且居留期間須持有效簽證、單次離境不多於 180 天、10 年內離境不多於 540 天，如此繁複的規範。透過留學方式讓孩子滿足永居條件，實在簡單多了，有移民考量的家庭不妨善加利用。

「文化差異、升學就業挑戰迎面而來」，主動創造機會增值留學人生

● 江同學

畢業於英國建築聯盟學院建築系
現於英國建築師事務所任職

　　到英國那年，我才 14 歲。當老師點到我的名字，要我發表看法，我緊張地支支吾吾，連一句話都說不完整，全然無法和老師溝通對話。

　　英國教育體制，講求的是勇於發表意見。但對於內向、生性膽怯的我來說，這根本是要我的命。

　　在孤立無援的情況下，我知道我得靠自己力量，好好鍛鍊我的語言能力，並盡我所能融入同儕。日子久了，我才漸漸找到在校園的自在感，不再時常感到格格不入。

　　校園的挑戰我算是度過了，但畢業後還有一連串的挑戰。

　　大學從建築系畢業後，我必須要有相關工作經驗才能考取建築師執照。考量到我還是希望可以留在英國

生活，我必須努力找到一份工作。

　　我原以為找工作可能就跟申請大學一樣，沒想到完全是兩碼子事，讓我遭遇到前所未有的挫折。

　　當時投了好幾間建築師事務所，日子一天一天過去，全然沒有消息。就算獲得面試機會，面試後也只是收到一封感謝信，再沒下文。對於找工作四處碰壁的情形，我幾乎是萬念俱灰，已做好最壞打算，心想在英國應該是待不下去了。

　　期間我試圖與父母溝通這個問題，但沒有接受過英國教育，也沒有英國求職經驗的他們，透過遠洋電話，似乎難以理解我的困境，只能給我打打氣、說聲加油。

　　於是我撥了電話給我的留學顧問。電話那頭熟悉的聲音，先是關心我近來狀況，接著緩緩道來她曾經在英國求學的經歷，還與我分享她對英國職場的觀察。

　　她接著說：「我知道你比較內向、沒自信，但就我經驗，跟英國人溝通，還是得勇於表現自己，拿出自信，這樣人家才會看到你。」同時，她也推薦我參加職場的社交活動，例如有些公司會開放讓求職者參觀、了

解企業營運內容與服務特色；或是參加有開放給外部人士報名的企業演講。

聽完顧問一席話，我如茅塞頓開，開始主動參與企業活動，進而培養對英國社交文化的「敏銳度」。

在我面試失利時，顧問也主動問我需不需要幫忙。她除了分享其他在英國求職同學的經歷，還帶著我做一些面試技巧的測試與模擬練習，引導我從不同的切入點介紹自己、回答面試官的問題。如此的協助，是他人難以給予的。

在我一蹶不振，差點要放棄的時候，顧問拉了我一把，幫助我找到目標與動力。每週數次的輔導與討論，逐漸堆砌起我的自信心，我也終於在一次面試中獲得公司的青睞，雀屏中選。

5 趁孩子小送出國念書？這幾件事先注意

　　我在辦公室盯著電腦螢幕，整理資料時，一個熟悉的號碼打給我，是一個今天要飛往英國展開留學生涯的小男生。我一接起來，電話那頭就傳來著急的聲音：「顧問，怎麼辦，我走錯登機門，錯過飛機了！」

　　我先是一愣，接著看一眼時鐘，疑惑地問他：「你不是三小時前就該上飛機了？怎麼現在才發現你走錯登機門？」電話那頭無聲回覆，而我也是無語問蒼天。

　　這個孩子才國一，出發前，他的父母親信誓旦旦地說：「他一個人可以的，這孩子從小就很獨立。」事實證明，有時家長總是會不自覺地美化小孩，卻忘了，小孩有時沒有我們想像中的那般成熟、獨立。這種認知誤差，經常是造成孩子留學出現問題的原因之一。

➲ 別讓孩子成為迷途的羊

　　我們輔導過一個公立學校高一生，他的課業成績不甚理想，

爸爸來找我們時說：「顧問，把我的孩子送去美國吧！去美國他就會知道好好用功讀書了。」

我們直言不諱地回答：「我們能理解您的想法，可是您的小孩每一科都不及格，連台灣學業都無法適應，更何況是到人生地不熟的美國？他英文沒學好，根本沒辦法上課啊！」

爸爸聽了還是堅持要讓孩子去國外「歷練」，於是我們跟他說了同業之間傳聞的一則學生故事。

一個清秀的女生，因為爸媽認定她在台灣交到壞朋友，影響她的學業與未來，希望她到國外就讀大學預科課程。我們接觸這個學生時，她並沒有排斥出國念書，所以我們也很積極地替她找尋合適的學校與課程。

後來她順利出了國，展開新生活。當我們以為她在國外可以找到自己的方向時。豈料還不到半年，她打電話跟爸媽說：「對不起……我……懷孕了……，該怎麼辦？」爸媽差點暈倒。

最終她大學預科沒念完就回台灣生小孩。

站在顧問角度，能輔導學生出國留學，是我們的工作，也是我們最有成就感的一件事。但是學生是否適合獨自出國讀書？或許我們可以從三個問題，檢視學生是否有能力一個人留學：

參加夏令營時是否可以適應？

讓孩子參加數天過夜的營隊活動，家長可以很快速了解，孩

子沒有家人陪伴是否可以調適得很好。有些小孩沒辦法離開父母太多天，在營隊一有挫折就著急地找爸媽，最後家長只能中途將孩子接走。這樣的小孩，或許就不適合太小年紀獨自出國。

社交應對能力如何？

家長可以觀察，小孩在生活中與同儕、親友的互動情況。如果孩子在學校有許多好朋友，跟親戚、長輩互動也不過分害羞，出國就比較有機會快速交到朋友、良好地與師長溝通、融入環境。

有沒有基礎解決問題的能力？

當孩子遇到問題，第一時間應該要知道怎麼提出疑問、找人幫忙解決。就如同我們一開始舉的那位錯過班機的學生例子，他都錯過三小時了，才打電話找人幫忙，很明顯就是缺乏解決問題的能力。

➲ 低齡留學的潛在風險與挑戰

需要慎重評估孩子適不適合低齡留學，是因為低齡留學確實可能碰到風險、挑戰。簡要而言，有以下三個層面：

與家人疏離、產生隔閡

孩子長久以來習慣有父母親陪伴在側，突然間被丟到人生地

國王伊利學院女生宿舍的寵物，是同學們的玩伴，讓整個住宿氛圍充滿關愛，有家的感覺。

國王伊利學院女生宿舍的交誼廳

不熟的國度，得開始自己獨立生活，容易會使得孩子產生被拋棄感。像是我們輔導過一位 11 歲的學生，他在宿舍不斷製造狀況、與舍監吵架，就是希望吸引家人注意。這時，父母親千萬不要急於責備，要多給予孩子關心。

霸凌風險

　　無論在哪個國家，霸凌事件都略有耳聞，且霸凌者不只是同儕，也可能是老師、舍監或其他長輩。父母親要理解有這個可能性，且教育孩子，遇到問題一定要講出來，並避免譴責已經遭受霸凌的孩子，而是要協助孩子解決問題。同時也要多多關心孩子的生活、上課狀況，透過與孩子溝通了解他是否遇到難以排解的困境。

壓力與難關排解

　　面臨升學的階段也好，在校期間跟同儕的相處也好，小孩會遭遇到來自四面八方的壓力。此外，正值青春期，很容易就會跟同學、師長、家長起衝突，甚至受同儕影響，出現價值觀偏差。這些都需要父母多點耐心，以及關心，才能順利度過。

➲ 小孩離家上學，家長勿忘功課

　　我們碰過一些家長，認為已經付了錢，將孩子交給專業的教

傳統住宿中學多半是 2 至 4 人房，低年級甚至是 6 人房。每個住宿生有責任維持自己區域的環境，自己的書桌，櫃子與記事板。蠻多學生會在記事板上貼上自己家人，朋友的照片。照片拍攝於米爾希爾中學（Mill Hill School）女生宿舍。

男生宿舍一角，拍攝於奧斯沃斯特里公學。

師，自己責任已盡，對於孩子的生活與學習都非常消極、疏離、不參與。但卻忽略了，孩子求學階段會需要老師與家長溝通、合作、配合，這些場合都需要父母親具備良好的外語溝通能力，才可應付。

小孩低齡留學，絕對不是送出去之後，父母的任務就結束了。如前所述，家長還要時時刻刻關心孩子狀況，才能避免孩子走向偏差。

所以我們也常提醒家長，小孩去上課，父母也要在家做功課。該補英文的就要補；該學習異國文化的就要學。

送小孩出國念書，上了飛機、到了當地，父母與小孩的考驗，才真正開始。

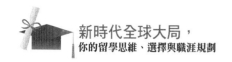

「國三畢業就出國留學讓我更好銜接當地學制」，留學年齡決定升學順暢與否

● 楊同學

現讀澳洲雪梨大學醫學系

我本來在 14 歲國二的時候就計劃要去美國留學。但媽媽放不太下心，隔了一年，我才成功說服她讓我出國。雖然計劃有變，美國改成英國，但想到能出國留學，我還是非常期待。

15 歲一個人到英國讀書，很多人問我會不會覺得孤獨或是寂寞，但可能我本來就相對獨立，所以我沒有「思鄉病」問題。加上我從小就在台灣讀國際學校，比起其他華人學生，我可以聽得懂老師講課內容，也能跟英國人對談。

儘管我英文不錯，看似具有更多優勢融入當地，但我發現，年紀更小就來英國讀書的同學，似乎融入得更輕鬆、徹底。至少就朋友圈來說，她的朋友都是英國人，而我還是以華人為主。

在課程的部分，因為我國三畢業才過去，無法從 GCSE 第一年開始讀起。在顧問的建議下，我申請了「國際中學教育普通證書課程」。同時修習 GCSE 某些科目，取得 GCSE 分數後，跟英國土生土長的小孩一樣，一步步報考 A-Level、大學。

回想起來，因為我那時年紀很小，加上對英國學制不清楚，一直處在懵懵懂懂的狀態。多虧有顧問幫忙，陪我一起做職涯探索。像是顧問知道我對理科比較有興趣，並考量未來升學計劃，建議我在 A-Level 時修數學、生物等科目。如此一來，無論我大學要申請商學院、工學院，甚至醫學院，都會有幫助。

雖然小小年紀的我對未來沒有太多想法，但國中畢業就出發英國留學，我認為是非常正確的決定。讓我比較晚來就讀的同學更順利銜接英國當地學制，也有更多機會探索自己喜歡的東西，同時提早適應英國文化。

第 **4** 章

世界前端的學習新風貌

1 不再填鴨，而是覓食：在英國讀醫科，和台灣大不同

Lucy 一向是相當聰明又乖巧的學生，她到英國讀醫學院，落腳一個月後，在電話裡驚恐地和爸媽說：「為什麼老師上課我都聽不懂，而且許多老師上課沒講的東西，竟然考試也要考？」

其實台灣與英國的醫學教育有明顯差異，Lucy 所發現的正是其中的一個環節。這些差異，正是在英國讀醫學的價值所在。

⊃ 共筆 vs. 閱讀列表

如果只看課程列表，英國的醫療教育和台灣貌似沒有太大的差異：生理學、解剖學……這些主要科目在兩邊的課表上都找得到。但千萬別以為在英國讀醫學和台灣沒差別，雙方在教學理念與方法上有相當大的不同。

台灣醫學院普遍課排得很密，學生透過聽講學習，而且盛行「共筆制」，每當老師講課時，都有一組學生負責抄寫筆記、下載講義、跟老師要考試資訊。學生準備考試的範圍，通常就是以老師上課講過、筆記上有寫的為準。

但在英國的醫學院,坐在教室中聽課的時數遠比台灣少,他們另有一個學習重點:閱讀列表(reading list)。每學期開課前,教師都會準備好重要的教材、文獻、講義,放上學校的網路系統,每個學生都可以自行下載。

英國醫學院的教學方式極重視學生自行研讀這些資料。教師通常認為,既然已經將豐富充實的課程內容發放給學生,學生可以撥時間主動閱讀,不再仰賴老師在講台上口述。因此,老師通常只提綱挈領地解說重點,不全面講述課程內容。若沒有先閱讀課程材料就去上課,學生自然很難跟上進度,覺得上課如同鴨子聽雷。

在英國長期受教育的學生普遍會養成一整套學習模式:先預習再聽課,課後再複習,還要自己找尋相關的延伸資料拓展視野。台灣教育很缺乏主動學習的模式,許多學生到英國留學,光是學到這套功夫,就受益匪淺、終身受用了。

⤳ 品質重於速度

在台灣,學生進入醫療教育體系的第一天開始,就開始無休無止的忙碌,從學校階段的上課、實驗、考試,到執業階段的實習與看診,時間總是被佔滿,精力總是被榨乾透支。很多年以來,台灣的醫療從業人員就是與「超時工作」、「爆量看診」這幾件事分不開。

但在英國，醫療人員從學習階段開始就被允許、被鼓勵過較有品質的生活。醫學院的排課方式，留給學生相當多的時間閱讀、進修、思考，參與各種活動。

畢業後進入醫師訓練，英國醫療體系內的培訓歷程也比台灣長。舉例來說，外科醫師的培訓歷程，是要學會一系列的關鍵手術；在英國大約會花八年的時間，在台灣平均大概五年。台灣實習醫師階段結束時，動手術次數經驗值是超過英國當地的醫師。英國醫學系畢業後，可以當地考照，當地就業，英國政府是承認其學歷的。

這其實反映了兩邊教育與工作模式的思維差異——台灣習慣把人、時間、資源的效用都撐到最大。但在英國，則更重視每個人的權利、成果的品質，而這反映在教育、工作、生活上——無論學生或是醫生，都不該把自己賣斷給職業。

⤴ 多元的分科與路徑

普遍來說，台灣社會對醫療產業專業分科理解相當粗糙，除了醫學系（日後當醫生）、藥學系（日後當藥師）、護理系（日後當護理師）之外，大眾不知道其他醫療專業的特性、培訓途徑，甚至連物理治療、聽語治療這些歷史相當悠久的專業都相當陌生。

在英國，醫療體系的分工多元，每個職位在社會中都得到一

定程度的理解與尊重。例如在台灣少有人知道的聽語治療領域，在英國相當搶手，大學部英文門檻是雅思 7.0 以上；部分語言病理研究所入學英文門檻更是設在 8.5，基本上表示國際學生完全沒有機會。

在台灣的醫療教育領域，對於一些新的專業課程，了解比較少，甚至有些錯誤的迷思。以藝術治療為例，此專業發源於英國，與心理治療部分息息相關，在英國是隸屬於正式醫療專業，是隸屬於學士後的課程。然而直到現在，台灣並沒有官方認可的專業執照、培訓途徑，是在比較模糊的管理階段。

在英國，醫療相關的跨領域專業，例如醫療科技、醫材研發、人因工程……都在醫療體系中相當受到重視，也是台灣前往留學時常忽略考慮的選項。

台灣的教育體制和社會風氣偏向僵化，觀念與制度的變動緩慢。相較之下，英國的醫療產業和大學密切合作，不斷進展、演進；這些英國大學發生的變化，台灣可能要等十年以上，才可能從研究所層級漸漸跟上。

因此，考慮到英國讀醫療領域的學生，該及早了解兩邊體制與風氣的差異，更可以了解英國教育提供的多元選項，以便找到最適合自己的路。

2 申請英國醫科，怎樣才夠格？

「計劃去英國學醫，要準備哪些考試，成績要多高？」

在我們提供的留學顧問計劃之中，英國醫學教育一直是大家最有興趣的一項。

但由於台灣與英國教育體制的差別，許多人即使有能力用英文閱讀網路資料，卻覺得難以理解。

➲ 英國學制「淺介」

英國大學前的教育，主要有兩個體系。一個是國際文憑體系（IB），另一個則是英國本地的主流體系。國際文憑體系是一個發源於瑞士，後推展到全世界的教育系統，目前有 104 個國家、一千三百餘所學校採用。台灣的美國學校、歐洲學校也是以這套課程為主。

這套教育系統有相當強的國際色彩，在高中階段國際文憑體系共有十四門課程和兩個專案。大致來說，國際文憑體系架構對台灣的家長來說較容易理解。英國的大學普遍承認國際文憑體系

的學歷與分數,但是接受的學生數量相當少。大部分的學生會選擇英國本地的主流教育體系,這個體系很複雜,與台灣的教育模式有極大不同,在這裡真的只能「淺介」。

如果要和台灣教育體系類比,英國的初中階段畢業於 16 歲,這時需要考「中等教育普通證書」(GCSE)。大部分學生走向就業導向的技能教育路徑,小部分學生則進入準備就讀大學的預科學校(英國稱為「6th form」)。

打從文理高中階段一開始,學生就要決定未來想讀的大學科系領域,並依此選修課程。在畢業前,學生要完成報考「高級程度證書」測驗(A-Level),並將成績提交給想要就讀的大學科系。

除了上述的 IB、A-Level 兩種大學前課程系統,還有另外兩種也是留學生可以參考的:

劍橋大學預科課程

劍橋大學預科課程(Cambridge Pre-U)為期兩年,於 2008 年正式在個別英國學校的 12 至 13 年級施教,且越來越受頂尖英國中學歡迎,包括伊頓公學、唐屋中學(Downe House)、奧多中學及阿賓漢姆學校等。不少人視此課程為 A-Level 的升級版,結合 A-Level 及國際文憑體系兩個課程的特點。此課程現時已獲多家高等學府認可,包括劍橋、牛津大學以至美國的常春藤盟校

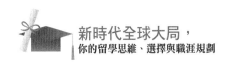

（The Ivy League）等。

商業與技術教育協會文憑

商業與技術教育協會文憑（Business and Technology Education Council，簡稱 BTEC）所提供的學習安排相對於 A-Level 比較強

英國雪菲爾大學歷年各種畢業小熊。照片由校友汪同學拍攝提供。雪菲爾大學（University of Sheffield）為英國最佳研究型大學之一，屬於紅磚學校的成員，也是素有英國常春藤聯盟之稱的羅素大學集團成員，長年穩坐全球百大優秀大學。

調實用性，科目有幼兒護理、建築業、農業及旅遊業等選擇。如果學生較不擅長傳統考試、學術領域發展，不如考慮 BTEC，幫助自己習得專長技藝，對未來也非常有幫助。但如果學生將來要申請醫科，則不建議選。

⇒ 醫科成績要多高？

對於讀國際文憑體系的學生來說，申請大學的成績滿分為 45 分，至少要 38 分以上才有機會上醫學系，甚至要 40 以上才會比較安全。

對於到英國就讀主流教育的學生來說，若要申請醫學院，意味著要在 A-Level 選考醫學相關的科目——生物、化學、數學都是必選，剩下的兩科要選什麼，就看你要上什麼樣的學校。

牛津或劍橋喜歡學生有較廣闊的視野，因此歷史、經濟這類文社科目會非常有幫助。若申請的是其他大部分的醫學院，物理學與心理學都可以。

除了學科之外，分數也是關鍵。中段左右的醫學系，數學、化學、生物至少都要拿到 A 以上，其他兩科最低要拿到 B+ 以上；若要進好的醫學系，成績就要全部 A 以上才有機會。

若學生 14 歲之前就到英國，意味著得在 16 歲時考 GCSE 以申請高中。只要有 GCSE 成績，大學也一定會納入參考。就過往學生申請經驗來說，若欲申請英國的醫學系，有 GCSE 的成績比

較佔優勢，會有比較多學校可選。不過要特別注意的是，GCSE
分數至少要 A 或 A+，不然在第一關卡就會被刷下來。

⊃ 額外要求與技巧

A-Level 是英國申請所有大學、所有科系學位都必經的關
卡；但英國對於申請醫學院的學生特別嚴格，會要求參加醫療
高教適性測驗（University Clinical Aptitude Test，簡稱 UCAT，
2019 年更名）或生物醫學測驗（BioMedical Admissions Test，
BMAT）。上述的這兩個考試在大學申請階段就要考完。要求
BMAT 的大學有：牛津、劍橋、倫敦大學學院、帝國理工、布萊
頓與薩克斯醫學大學（Brighton and Sussex Medical School），以
及利茲。其餘的醫學院基本上都是要求 UCAT 的成績。

以 UCAT 為例，考試一般是在每年的 7 月初至 10 月初，5
月初就開始開放註冊考試。所以基本上，英國 12 年級結束，就
要開始準備 UCAT 的測試了。至於 BMAT 的考試則是在 10 月中
進行的，11 月底會拿到測試的成績。

在台灣，大家常常抱怨教育體制改革頻繁；其實在英國，
情況有過之而無不及。為因應快速的世界變遷，英國的教育體
制也不斷調整改變，而且每次修改都不是小打小鬧，都是大修
大調。

　　專業顧問們每天都在研讀相關資料，得用盡九牛二虎之力才能掌握變化的脈動。因此，關於英國留學的詳情，還是和顧問們討論，才能得到最新的細節與資料哦。

案例故事

「原來面試才是大魔王」，英國醫學系闖關血淚談

● 楊同學

現讀澳洲雪梨大學醫學系

面試官問我：「如果你開車撞死鄰居的貓，你要怎麼跟鄰居說？」

聽到這個問題，我愣住了，頓時說不出話來。

我以為，全部科目拿到 A、A*，已經是最難的事情。沒想到，面試才是進入英國醫學系的大魔王。

以英國醫學系面試來說，分成兩種類型：團體面試（panel interview）、多重迷你面試（Multiple mini-interview, MMI）。前者會有多個老師同時面試，問你一些問題；後者則類似台灣大學迎新活動的「大地闖關遊戲」，一個考場被區隔出很多個站點，不同站點有不同測試，有基本的問答面試，也有情境考試。

前面提到的例子，即是情境考試，會有一個演員跟你「對戲」，考生必須就演員的演出情境給予回答。這真的很難！對面試不擅長的我，儘管已經花了大量時間

準備，最後我拿到的四間面試機會，一間都沒申請上。

幸好有顧問的鼓勵，我決定再給自已一年時間試試看。除了再申請英國醫學系，同時將目光放到澳洲。

顧問替我分析，澳洲偏好在英國學制下成長的學生，像我有通過 A-Level，這對申請澳洲醫學系非常加分。此外，顧問也特別建議我把澳洲雪梨大學醫學系納入申請名單中，因為這間大學看重學術成績，面試門檻較低，適合像我這種不擅長面試的學生報考。同時顧問也不斷地與我進行模擬面試練習，並特別研究澳洲醫療政策，力圖準備到滴水不漏。

很開心的是，我最後成功面試上澳洲雪梨大學醫學系，多虧了顧問的從旁協助，還有我的努力不懈！

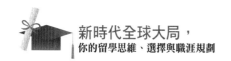
英國醫科要的學生，可不只「會考試」

　　「英國學校也是只重視考試成績？」刊出了上一篇文章〈申請英國醫科，怎樣才夠格？〉後，有些人來訊詢問顧問們。

　　其實，英國大學的申請門檻是個很大的課題，上一篇文章還沒談完。

　　那些考試之外的入學門檻，留在這篇文章中介紹。

⮌ 專題看研究能力

　　英國的醫學系很看重學生自發的研究、探索、思辨能力。因此，通常會要求申請的學生提交「課外研究項目專題」（即Extended Project Qualification，EPQ），採計比重相當於半個A-Level 科目。

　　「課外研究項目專題」是英國高中的學生可以選擇的一門課，這門課不會有老師演講，不會有紙筆考試，而是要學生根據自己喜歡的大學專業和未來的職業規劃，找一個主題，自己規劃研究方法與進度，獨自進行深入的探索，為期大約八個月，並在

最後寫成 5000 字左右的論文（也可能包括模型、樣品）展示成果。

舉個例子，某高中生對建築與能源課題有興趣，他可以選擇針對「綠建築」做個專案，例如設計一個綠建築，並估算它的節能成效。這個學生為了做這個專案，需要研讀當時對綠建築的指導性原則、在不同情境下的考量、蒐集重要範例、實地訪察與採訪專家，最後自己設定一個情境（例如學校的體育館），建出模型，並詳盡地列出設計理由、並說明效益與限制。

我們看過申請上牛津和劍橋的學生做的 EPQ，成品的水準差不多是台灣大三以上學生才能做出來的水平。對醫學系來說，EPQ 可以看出學生全方位的素養能力。

⊃ 面試看特質與熱忱

英國的醫學系不只從紙面上的成績表現判斷學生，更倚賴面試，以便深入、多層次地了解學生。英國大學的面試通常採用「多重短面試」，這是一個醫學院特有的面試程序，英國、美國和澳洲的醫學系都廣泛採用。

這樣的面試，不會是和學生散漫閒談，也不會是考背誦性質的知識，而是詢問各種和專業相關事務的見解。例如有醫學院的面試問我們的學生：你對英國健保的新政策有什麼看法？

這個學生在準備申請的兩年間，從 BBC 看了很多醫療的時

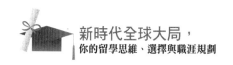
事分析，更廣泛閱讀醫療政策相關的文章，因此他真的能對健保的財務狀況、醫生培訓、取材的方式，提出有相當深度的評析。

面試的另一個目標是確認學生的志向與心態。在醫療行業裡，醫生與病患有極大的資訊落差，病患很高程度是基於相信醫師的良知與判斷，因而接受醫療。如果醫生為了牟取利益而濫用這份信任，對病患、對整個體系都是極大的傷害。

想要讀醫學院的英國高中生，通常會在 12 至 13 年級時到醫院擔任志工，親身體驗醫療環境，並且參訪育幼院、安養中心、大型醫療機構。這些體驗都是為了幫助他理解醫療產業的實況，想清楚自己為什麼要當醫護人員。

在面試時，學生對於醫療專業的體驗與理解，也是極為重要的話題。英國的醫學院很清楚，他們要招收的是真正對健康醫療有熱忱的人。如果沒想清楚、決心不明確，只是為了安穩的工作或賺大錢而當醫生，教授都不會錄取。

要準備英國醫學院的面試，可不是考前幾天練練儀態、買件西裝就可以。上述所言，關於見識與見解的培養、探索與確認自己的志向，需要好幾年的積累才行。臨時抱佛腳是絕對不行的。

⊃ 「出身」原來也重要

除了成績、個人特質，申請英國大學的醫療類科系還有兩個少有人提的重要因素。

　　在英國，有不少教育機構提供國際學生國際預科的路徑，稱為「國際醫學預科」（Medicine Foundation），為有意申請英國大學的學生提供半年到一年的短期培訓。這類機構常打著「英國大學的入門磚」這樣的旗號，但對於想申請醫學系的國際學生來說卻困難重重。

　　這類國際預科課程雖然也是以 A-Level 內容為教材，但為求速成，在難度上卻只有正規班的 70% 難度。正規預科學校所重視的課後延伸、深度學習，都被略過。

　　當大學醫學系看到從國際醫學預科課程出來的學生來申請，許多主流大學醫學系大多不會接受，甚至在入學要求上直接註明不承認此類課程。

　　看到這你是否產生疑問，就讀國際醫學預科課程是否就沒有升讀醫學系的機會呢？答案是……挑選有直升名額與充分實習機會的學校，並提早準備面試與考試，就可以替自己增加機會囉！

　　建議就讀國際醫學預科課程期間，除了維持成績在一定水平之上，也需要提升相關醫學知識與醫學倫理。僅有一年的時間，要兼顧課業與累積相關志工經驗是相當挑戰的，因此建議事先在國內累積志工與實習經驗，增加自己報考醫學系的成功率。

　　此外，如果目標是升讀醫學系的同學，要注意醫學系入學的英語門檻是雅思 7.0 以上（寫作 7）喔！

　　另一個少有人提起，但是非常真實的門檻是：國籍。英國醫

學系對國際學生有名額限制，每間學校國際學生的百分比在 5 至
15%。具體的數量配比，每年各校會有調整。英國官方醫學委員
會（Medical Schools Council）每年會出版一本手冊，列出認可
的英國醫學院當年招生入學門檻，並且會提到各校前一年招收的
學生當中，國際學生的比例有多高、多少人爭取一個名額。從這
本手冊提供的資料，顧問能評估有多少名額、競爭有多激烈，以
及哪些學校對國際學生較友善。這些資訊，對於學生選擇申請哪
些學校，如何擬定策略，都是非常重要的。

　　英國的醫學科系明白自己肩負著培養醫療人才的重責大任，
對社會、對整個醫療體系都有很重大的影響；因此在成績與個人
特質等多方面，都設下重重門檻與檢視機制。
　　對同學們來說，在準備的過程中，除了把它視為待克服的挑
戰之外，這整個過程也有助自我檢視與釐清，到底適不適合走入
醫療領域。畢竟，專業的路徑怎麼選擇，是同學們一輩子的大事，
值得慎重看待。

英國碩士幾多種，讓你有看沒有懂？

台灣學生申請英國碩士會遇到的第一個難關往往是：學位名稱與分類很陌生，看不懂。

在台灣稱為「碩士」這個層級的教育，在英國卻分為 MA、MSc、MRes、MPhil；這些名稱各不同的學位，教學模式有什麼樣的實質差異，又各自適合什麼樣的學生？在申請留學之前，千萬得搞明白。

⭕ 教學型碩士：MA vs. MSc

第一大類是：教學型碩士。這樣的碩士班是以上課的方式進修學習，並不強調產出具有原創性、突破性的知識發現與研究成果。這一類碩士學位又分為兩個類別：MA 及 MSc。

「MA」是「Master of Arts」的縮寫，原來是指人文社會科學領域的碩士；「MSc」則是「Master of Science」的縮寫，則是指科學與技術領域的碩士班。但如今，這兩個學位的分野已有所不同，因此在醫療領域的碩士班，叫 MA 及 MSc 的學位都有。

203

　　目前的英國高教領域，MA 碩士班的重點在於理論與知識方面的學習，通常不安排實習課程，學習時間也較短，大約九個月內完成學位。

　　與 MA 相比之下，MSc 學位課程除了理論與知識的傳遞之外，會有更多操作或應用性質的課程。

英國建築類課程，相當講究實作。校友江同學分享在英國建築聯盟學院
（Architectural Association School of Architecture, AA）修讀期間，做專題的經驗。AA 是英國最老的建築類獨立學校，不管是大學或是研究所都是獨立申請。此外，AA 在學費方面一視同仁，對英國本地、歐盟以及來自其他國家的學生收取相同的學費！

英國建築類課程,相當講究實作。校友江同學分享在英國建築聯盟學院修讀期間做作品集的過程。

⊃ 研究型碩士:MRes vs. MPhil

　　另一大類的碩士班並不只從課程中學習,還得經歷研究訓練。研究型碩士分為兩種:MRes 及 MPhil。這兩種有何不同?

　　「MRes」是「Master of Research」的簡寫,是獨立招生的學位。大部分文學院或商學院並沒有 MRes 這個分類,但在醫學院或工學院常見。進入 MRes 學程的學生,通常是對該領域某個

特定的課題有興趣好奇，希望在學校教授指導、資源協助之下，對這個課題進行深入研究。修業年限一般來說是一到兩年，在完成研究成果後拿到學位。一般來說，學校常常鼓勵在 MRes 表現優秀的學生繼續攻讀 PhD。

「MPhil」是「Master of Philosophy」的簡稱；其實這通常不是獨立招生的學位。在英國，博士班第一年就被稱為 MPhil，要過了資格考，才叫做「博士候選人」（PhD candidate）。有些博士班學生一直無法畢業，他可以選擇放棄，僅拿 MPhil 學位。

英國的學校對於學生選擇不完成全部的學位，大致上是很平常心看待，而且仍然會發給證書。除了 MPhil 是沒完成博士班拿

英國巴斯大學（University of Bath）位於世界文化遺產城市之──巴斯（Bath），是英國著名的公立研究型大學，商管學院尤為突出，被譽為英國最好的商學院之一。工程學院也相當有實力，在業界深受認可。照片由校友駱同學拍攝提供。

到的證書，碩士也有相似的制度安排——那些需要寫論文的碩士班，正式畢業證書開頭是「Master of...」；修完學分但不願寫完論文的學生，證書開頭會是「Diploma of...」；如果學分都沒修滿就決定結束，證書開頭換成「Certificate of...」。

然而在部分東亞地區，人們會認為拿 MPhil 意味著當事人的失敗；因此，常有人對外會宣稱他拿的是 MRes 學位。

◔ 專業制 vs. 非專業制

英國碩士班有另一個分類方式，和它的申請門檻有很大的關係。

一部分的碩士班，設立目標是讓已經具備完整背景能力的人去讀，讓專業人士交流切磋，並且精深修習該領域的知識技能，我們可以說它是「專業制」。這類碩士班，通常嚴格要求申請者具備執業資格、有執業經驗，而且完整修過相關該領域所有的基礎課程。

舉例而言，有些物理治療碩士不但要求學生具備證照，而且還要有兩年以上工作資歷；即便這些都有了，申請時還要提交大學的完整成績單，供學校比對是否所有基礎課都修過了。

這樣的門檻是有必要的。我們的顧問曾經進入這樣的碩士班就讀，在她的記憶中，當所有學生輪流分享執業經驗，一個醫療經驗不足的學生，很難吸收理解，更難提供有價值的見解。

在英國的醫療領域，專業制的碩士班佔了大多數。這類碩士班可以在相對短的時間內，快速提升學生在某特定領域的專業能力。

少部分碩士班設立目標則是在培育跨領域人才，不但幫助其他專業背景的學生進入一個新領域，也促成各領域學生之間的交流。這類碩士班即是「非專業制」，在英國是少數，但如果學生專業經驗不足，或是大學階段沒修足基本學分，也只好擠窄門。

在剛開始接觸英國學制時，專有名詞特多，加上中文資料破碎駁雜，當然會相當頭痛。但接觸久了之後，理解其制度設計原則，會發現其實這些複雜的分類也有助釐清期待，有助各取所需，幫助不同需求的學生選擇適合自己的學習道路。當然，前提還是學生要找到足夠專業的資訊管道，有系統地了解英國教育體系的整體架構與背後邏輯，做出最好的決策。

案例故事

「我不能再讓我的專業停滯不前」，物理治療師留學轉換職涯跑道

● 江同學

畢業於英國倫敦大學學院運動醫學碩士班
現於國內機構擔任運動教練、物理治療師

　　某天起床，我看著鏡子中的自己，突然腦海中冒出一句話：「你打算過這樣的生活到什麼時候？」

　　在台灣物理治療行業待了 10 年，我為了他人的健康，犧牲了自己的健康。因為三餐不正常，加上工作操勞、日夜顛倒，5 年內我胖了 40 公斤。可是看看戶頭裡的存款，卻沒增加多少；與我所犧牲的一切，體重數字的增加，完全不成比例。我不斷思考，我該如何做出改變，替自己找到新的職涯路徑？

　　這個念頭盤據在我心頭許久，終於我在某天清醒，認真面對我的人生。也是在那時，我才意識到，面對當今的醫療環境，我的專業已經快跟不上時代的腳步。

　　於是，我決定放下工作，重新回到校園。

　　我不僅要回到校園，我鎖定的還是國外的學校，以

便在更適合的環境中開展職涯。而且，我想要在原有專業外拓展知識，光是物理治療無法滿足我。因此，我面對的選項非常多元，如果靠自己收集資料，難以周全。下定決心後，我找了留學顧問幫忙。

顧問瞭解我的需求後，以他們的專業知識建議我：往運動醫學發展。這是我先前完全沒想到的！聽了說明，我才知道這是給醫療人員或相關人員從業後的在職進修課程，班上學生大概有一半是醫師，另一半是物理治療師與肌力、體能訓練師。課程的專業度及臨床經歷的要求，與台灣學校相比之下高出不少，可成為磨練知識與經驗的好所在，也是轉換職涯跑道的好機會。

同時，我也向顧問表達我想在畢業後留在當地就業的想法。顧問建議我可以申請英國的學校，因為英國運動醫學系承認台灣的物理治療證照與工作經歷，台灣證照透過換照程序，不需要額外考試，可用於當地謀職，這些都將替我省下重新考照的時間與麻煩。

確認方向後，顧問不但指導我撰寫申請書，甚至還陪伴、協助我準備雅思考試，更給予我諸多應考建議，

讓我順利達到語言能力要求門檻。

錄取通知一一公布，我申請的每一間學校都順利上榜，包含世界排名第 8 名的英國倫敦大學學院運動醫學碩士班。

我懷抱著熱忱與憧憬，順利自英國倫敦大學學院運動醫學碩士班畢業，展開我的全新人生。如今我看著鏡中的自己，對於現在的生活，感到滿意。

5 為什麼一年就夠？英國碩士的教學與門檻有道理

「英國許多碩士班只有一年，訓練會不會不夠紮實？」常有想要留學英國的同學來問我。

大部分美國碩士要讀兩年；台灣的社科與人文領域，碩士更可能讀到四年，但在英國的醫療領域許多碩士班卻只需要一年。對許多經濟並不寬裕的人來說，只要付一年學費與生活費就能拿到碩士，無疑是個誘因；但同時也擔心一年的時間不夠深入學習。

其實，英國高教制度設計者，當然是想過這個問題的。他們的回答，就在英國碩士班的入學門檻與教學特色上：

➲ 限制與門檻，確保學生素質

台灣和美國碩士班之所以要比較長的時間，是因為跟課程結構有關，也常有大量的實習與操作的時間。部分課程審核略微寬鬆，只要滿足先修學分，會許可收一些「非本科背景」的學生，而這些學生需要時間補修基礎課程，無法一開始就進入很深的專業。

但是在英國，情況就完全不是這樣。英國醫療領域的碩士班用許多門檻，確保學生的專業領域的知識、經驗都在相當高的水準：

大學科系

在英國，MBA 等商管領域開放多元背景的學生，但是醫療領域碩士班，非常重視學生大學就是讀同領域的科系，其嚴格程度甚至高於博士班。

修課分數

不少醫療領域碩士班會列出該領域的重點科目，不但要修過，而且還要在某個分數以上，才有申請的資格。

畢業年限

為了確保學生在進入研究所之前學過相關知識，而且知識還未過時陳舊，有些醫療領域碩士班會「建議」學生是在一定年限（例如十年）內修過相關重要課程。雖然是「建議」，但實際上若不符合這個限制，幾乎就不可能錄取。

執照與經驗

許多醫療領域的研究所要求學生具備專業執照，甚至有數年

以上的執業經驗才能申請，以確保每個學生都有一定專業資歷。

當學生的水準整齊、知識與能力均足，就可以更快速地進入專業課程，用最有效率的方式教學。

⊃ 分科細緻，學習與研究目標精準

在台灣，常見到研究所的領域和大學部科系一樣寬泛，這樣的系所規劃，讓進入同一個碩士班的學生，有非常紛雜的期待、目標、興趣。看似「豐富」的課程表，卻不利學生立定目標與精準學習。

英國的醫療領域則相反，其碩士班的領域切分非常精細。例如在愛丁堡大學的醫學院，感染與免疫（Infection and Immunity）、傳染性疾病（Infectious Diseases）、感染發炎（Inflammation）被分成三個獨立的碩士班。

因為領域分得精細，每一個學生的興趣與期待都接近，無論是上課或是指導研究，都會更有效率。如果是想要針對單一明確主題做研究，英國會是一個非常好的選擇。

⊃ 學生間的豐富交流

英國醫療領域研究所，學生花大量的時間參加研討會、做報告，和同學互相研討。而由於同學常常是來自各方的專業人士，彼此的交流可以非常深入。

倫敦大學學院（University College London, UCL）坐落於英國倫敦的世界級頂尖公立研究型大學，倫敦市第一所高等學府，在多個大學排行榜上位居全球前十名，是世界頂尖的大學。照片由校友江同學拍攝提供。

　　我們有一位在英國讀過研究所的顧問如此描述她在英國讀書的情況：「在研究所做報告從來不是論文的內容複述而已，我們每個人都會分享真實經驗案例、各自母國的醫療手法，以及其優劣之處。還好我有好幾年的臨床工作經驗，不然一定像透明人，完全跟不上交流的進度。」

　　其實無論去哪個國家留學，都需要及早調查資料、規劃準備。但因為英國研究所制度的特性，及早準備的需求更為迫切。

　　為了讓相對較短的研究所教學時間達到預期的成效，英國碩士班的申請門檻普遍嚴格，醫療領域尤其如此，從大學科系、學分成績、執業經驗……都有可能列為要求。

　　顧問建議有興趣到英國留學的同學，最好及早諮詢，讓留學的方向目標明確，以便及早助跑準備。就算發現缺漏重要的條件，還可以補修網路學分、考試評鑑、銜接課程、實習換照，確保達到申請資格。

　　這不只是消極地為了「符合資格」，這也有助學生在申請前確認自己的興趣，以及補強留學的基礎能力，讓自己在進入研究所後能在緊湊的學程之中有效、充實地學習。

6 「醫學院預科」是謎一般的存在？在美國讀大學，是這樣為學醫做準備的

「我想送孩子到美國讀大學，主修『premed』好了，就是『醫學院預科』對吧？這樣日後可以最直接讀醫科，對吧？」一位家長和我們詢問，他應該期待一個很簡單的答案吧。但我明白，接下來可能要費一番口舌才能和他解釋清楚。

這位家長所知道的「醫學院預科」（premed），雖然這個詞許多人都在講，但其實並不見得是一個真的普遍存在的正式學制；至少，不像許多人以為的那麼明確。

⊃ 所謂的「醫學院預科」

首先還是得說，這位家長能知道醫學院預科（premed，或是 pre-medical），已經相當不錯了，他一定是對美國的環境有些了解，才會知道這個詞。

在台灣，絕大多數人學醫途徑，都是就讀大學部的醫學系。但美國並不是如此，他們全都是大學畢業後才能讀醫，也就是我

們所說的「學士後」。而那些在大學階段，還沒讀醫學院，但在為這個方向做準備的學生，常會說自己在讀「醫學院預科」，或者自己是個「醫學院預科學生」。（I am a premed, doing premed study.）

但如果以為這個學生是通過申請，進入了一個叫「醫學院預科」的正式的主修，有一群老師負責他的學習，要和一群同學一起修課，甚至在畢業時會拿到印著「醫學院預科」的畢業證書，那就錯了。

主流美國大學幾乎從來沒有在大學部設立「醫學院預科」科系，也沒有提供這樣的主修學位，當然也就不會拿到印有「醫學院預科」的畢業證書。若有，也非常少，至少我們查不到。

美國的醫學院既不會要求學生大學時主修「醫學院預科」，就算有學生的畢業證書上寫著「醫學院預科」畢業，比起大學時主修物理或化學的同學，他也不會有顯著的優勢。

⊃ 有名無實的「醫學院預科」

但這就怪了，如果沒有「醫學院預科」，為什麼一大堆人在談論它，有學生說自己是「醫學院預科生」，甚至網路上找得到「最好的醫學院預科排名」這樣的網頁呢？

其實，醫學院在招生時都有以下門檻：

- 修課要求

  一年生物學及實驗課

  一年化學及實驗課

  一年有機化學及實驗課

  一年物理學及實驗課

  至少一學期生物化學

  微積分或統計學（或兩者兼備）

  英文與寫作

- 美國醫學院入學考試成績（Medical College Admission Test，MCAT）

- 醫學相關的課外活動：例如獨立研究、醫院志工

有些大學刻意針對申請醫學院會遇到的難關、所要達成的門檻，投入人力、師資與資源，幫助學生做最好的準備。例如開設扎實的申請工作坊、延請專家在校內擔任醫學院申請指導顧問……等，學校本身有附設醫院，也可以提供學生便利的實習機會；凡此種種，均可讓學生在申請醫學院上佔有優勢。

整體來說，美國的大學之中並沒有「醫學院預科」的正式科系與學位，但學校卻有各種的教學、輔導協助、跨學院資源，實

質地達成「醫學院預科」的教育效果。

● 「醫學院衝刺班」倒是存在

美國醫學院在招收學生的時候，並不看大學主修學位，甚至統計顯示，有將近一半的醫學院學生，大學主修並非生物相關背景（例如科學、工程、人文或社會）。所以事實上，在大學的階段讀任何學位，都不妨礙在學士後階段就讀醫學院。

另一個角度來說，確實有些大學學位本身的必修課，與醫學院招生的課程門檻重疊較高，例如人類生物學、生物學、心理學、化學、生化等。

若真的要在較具知名度的大學中找針對醫學院開設的教學單位，其實還不容易。哥倫比亞大學開設了一個「學士後」醫學院預科，招生課程鎖定還沒有準備好，卻想申請醫學院的大學畢業生。這裡提供的教學，能讓學生在一年中補足必修課程，並準備好申請需要的資格、資料。從台灣的眼光來看，這很像是「醫學院衝刺班」的性質。

整體而言，美國的大學階段仍被視為通才教育為主，因此幾乎不設立為培養特定專業而存在的學位。大部分學生在大學都被鼓勵追求興趣，在此同時鍛練培養思辯、學習、處事的能力。真的有志走向醫療的同學，在大學階段把學分修齊、準備考試、嘗試與體驗醫療產業的真實狀態，就是最短的捷徑了。

案例故事

「我終於找到我的歸屬地」，英國畢業後到日本求學的追夢計劃

● 江同學

畢業於英國倫敦藝術大學插畫系
現就讀日本語言學校

原本懷著「姑且一試」的心情到日本留學，卻意外讓我在日本找到人生的目標與方向。

會做出這個決定，要回溯到我從英國倫敦藝術大學畢業後，那段迷惘的時光。雖然我順利拿到文憑，但卻無法得到理想的實習機會。我心想，不能一直在英國這麼下去，於是我果斷地打包行李，回到我的家鄉，台灣。

回台灣後，我跟著一個造型師到某電影劇組擔任實習助理，後來又到北京參與另外一個劇組的服飾造型助理工作。

從北京返台，我又再度陷入那個迷惘的漩渦當中。

我打了電話給那位陪伴我走過失戀低潮，以及鼓勵我重新振作不放棄學業的留學顧問，希望她能協助我

找尋接下來的人生方向。

顧問以閒聊的方式問我：「你有特別喜歡什麼嗎？任何東西都可以。」我想了想，回憶起小時候家人帶我去過幾次日本旅行，我平時也喜歡看日劇、聽日文歌，而且小學也有學過一點點日文，於是我回答：「我好像滿喜歡日本的。」

顧問聽了後接著說：「我覺得日本的學制與職場好像滿適合你的性格，而且你也喜歡日本，要不要考慮到日本就讀語言學校看看呢？」

我有點遲疑，畢竟又要到另一個地方展開新的生活，令我有點惴惴不安。但思考了一陣子，我認為不妨給自己一個機會，做出改變。

我很感謝顧問持續幫忙尋找合適的語言學校，也幫我聯繫、處理申請入學相關事宜。甚至，顧問為了確保我去日本前擁有一定的日文能力，還陪我做日語能力測驗。這些陪伴，都成為了鼓勵我勇敢追尋夢想的驅動力。

很神奇的是，我在日本就讀語言學校期間，感受

到前所未有的自在，那種自在是我在英國就讀大學、在台灣做劇組工作未曾感受到的。有了這份自在，我也很快地打起精神、重拾幹勁，積極地參加不同學校的招生說明會，也深入了解哪些科系符合我的興趣志向。

藉由不斷探索，我發現了對商業相關學科的興趣，也找到幾間以商科聞名的專門學校。有了目標，我的人生好像開始重新轉動。我希望自己可以盡快把日文學好、申請學校。未來從專門學校畢業，我也已經開始預想，要參加各種校園徵才（在日本叫做「就職活動」），待在日本工作。

光是替自己的未來規劃藍圖，就讓我興奮不已。回想曾經的茫然與困擾，如今終於有了踏實的步伐，我會更堅定地走下去。

7 讀美國大學，為醫療專業準備的路徑，是如此「虛實莫測」？

在先前的文章中，我們談到美國醫學院錄取各種背景的大學畢業生，「醫學院預科」在美國並沒有實質存在，只是大學設置的一系列相關課程、協助資源、顧問服務。

有些人會推論：「那麼，牙醫、藥學、獸醫……這些醫療領域也是一樣的吧？」抱歉，還真的不一樣！

有些事可以推理得知、舉一反三，但美國大學醫療相關領域的學制，還真不能「想當然耳」。以下幾個是美國大學階段正式設立的主修，為日後的醫療學習做打底準備，滿足學術資格後，都需要通過執照考試，才能執業：

➲ 藥學預科（Pre-Pharmacy）

在美國，藥學與醫科一樣，正式的培育都是在學士後的「實務博士」階段，通過後可以被稱為藥學（實務）博士（Doctor of Pharmacy, Pharm.D.）。但美國的學士後藥學研究所又分兩種，一種開放各種主修背景的學生申請，另一種則要求學生在大學時

主修「藥學預科」——沒錯，藥學預科是一個有學位的主修選項。

讀完藥學預科的主修科目，大約需要整整兩年的時間。許多學生是早在大一就設定方向，在大三前修完主修科目，接下來就可以準備申請藥學研究所。雖然藥學預科的學習和藥學實務博士的內容是互相銜接的，但如果只讀預科，將無法執業。

⊃ 牙醫預科（Pre-Dentistry Studies）

和所有醫療專業一樣，美國的牙科培育重點階段在於學士後的牙科實務博士（Doctor of Dentistry, DDS）。

各校牙科實務博士的招生方式或有不同，以紐約大學的牙醫學院為例，該校 DDS 招收多種主修背景的大學畢業生。即使如此，有志學習牙科的學生仍可以選擇牙醫預科路徑。

除了一般的生物學、化學、牙科解剖學等理論性基礎科目，有些牙醫預科還會強調，該校提供磨練手部靈敏度的相關實驗、實作課程，讓學生為未來牙醫的培訓預先準備（例：洛杉磯加大）。許多學校的牙醫預科會建議學生從大一就開始修習課程，以便到大三的時候就申請 DDS（例：明尼蘇達大學）。

⊃ 其他醫學領域

與藥學、牙醫預科相近的，還有「獸醫預科」（Pre-Veterinary Studies），它也是在大學的一個主修，在申請學士後的「獸醫實

位於美國加州的加州大學洛杉磯分校（University of California-Los Angeles,
UCLA），是美國商業金融、高科技產業、電影藝術等專業人才的搖籃。長年
高居美國公立大學第一，是美國申請人數最多的大學，南加州地區入學競爭最
激烈的學校，也是整個加州最大的大學，於 2006 年被列為全美 25 所「新常春
藤」名校之一。照片由 UCLA 研究生許同學提供。

美國的大學們都各有各的吉祥物（mascots），美國 UCLA
的吉祥物是大灰熊 Joe Bruin，是參觀必定要拍照打卡的地
標。照片由 UCLA 研究生許同學提供。

務博士」時，這個主修並非必要條件，但對於成功申請可能有所
幫助。

在醫療專業教育之中，護理師的培育是較為複雜的。在先前
的文章中提過，現在美國的護理師有多種學位並行，學士、碩士
學位都有。而「護理師預科」（Pre-Nursing Studies）並不是個
主修，而是一組課程，提供大一與大二學生修習，其後銜接兩年

的護理師學士學位，或是四年的護理 師學士加碩士學位。通常護理師預科課程都是社區大學所提供。

職能治療和物理治療，目前在美國的學制也是比照醫科，是在大學畢業後，申請實務博士的學程。這兩門學科在美國的大學部並沒有特別的學程規劃，如果是主修生物、健康相關的學科，都會很有幫助；根據我們所熟識的物理治療師透露，有高比例的人在大學讀的是「肌動學」（Kinesiology）。肌動學在台灣是一個三學分的科目，在美國則是一個主修。

第 5 章

英美醫學院專題深探

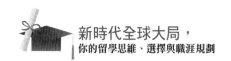

1 美國醫療專業，大學畢業才是「起點」

在台灣，多數醫療專業都在大學階段完成培育，通過實習、考試後即取得執業資格。但在美國，情況有很大的不同。

在目前美國教育體制變化趨勢中，幾乎所有醫療專業都是「學士後」學歷。對於美國醫療教育有興趣，或是未來想在美國從事醫療行業的同學，這是需要注意的一個變化趨勢。

➲ 向醫師培育看齊

不少人知道，多年來美國的醫學院一直是「學士後」的學位，意味著學生在大學畢業後，才能正式申請及就讀醫學；經過四年醫學教育，並且在拿到醫師資格後，還要花三到八年進行次專科的學習與訓練，才能成為眼科、腸胃科、心血管科等等的專科住院醫師。

除了醫師之外，醫療體系之中共同參與醫療工作的，還包括獸醫、藥師、護理師、職能治療師、物理治療師、脊醫……等許多專業，例如。在過去，許多專業都是大學學位，甚至是副學士，

但目前都變成了「學士後」，學制漸漸和醫師的培育看齊。

舉個例子，美國「護理師」的培育體系變化，就最能體現這個趨勢。

在最早的時候，護理師只是一個「副學士」學歷，類似台灣的五專畢業，在 20 歲就完成訓練，得到資格進入職場。

後來，護理師成為一個大學的科系，美國高中生畢業後進入護理系，接受四年培育，在 22 歲時進入專業職場。在台灣，從護理、職能治療、物理治療……都還是這個模式。

現在，護理專業也設置了學士後學位，招收大學畢業生（未在大學主修護理），在接受兩年專業教育後成為「臨床護理碩士」（Master of Nurse Practitioner），最少也要 24 歲以上才完成這階段學位（多數會高於這個年紀），但拿到執業資格進入美國醫療體系後，薪水也相當高。

有趣的是，因為美國的護理專業培育，在短時間內經歷了好幾階段的變革，目前同樣在醫院中任職的護理師，有些是副學士學位，有人是學士學位，有些則是碩士學位。

⤷ 向博士學位延伸

美國的醫療專業教育，幾乎全面從大學教育改制成學士後學位，這還不夠。許多專業學位還向後延長訓練，讓學生在畢業時拿到「博士學位」（Doctorate）。

在美國學術界，往往要較久的時間才能取得「博士」（Doctor）頭銜，但目前許多的領域也在縮短年限。較早之前，常例是要碩士畢業後才能申請博士班，而讀博士就需要四年以上。現在，美國愈來愈多博士班直接招收大學部學生，在讀四到五年後即取得博士頭銜。

美國多個專業實務界，一直有頒發博士頭銜的傳統。例如法律領域，美國大學沒有開學士的法律系，只招收大學畢業生就讀三年的法律專業教育，畢業後即是「法律博士」（Juris Doctor, JD），可以在考照後成為執業律師。

醫療專業領域，醫師的培訓模式一直與之相近，在學士後四年訓練後得到的頭銜，「醫師」頭銜在英文中和「博士」是同一個字：Doctor，其實也可說是醫療的實務博士。

近年來，物理治療、職能治療……等醫療專業培育也都在往這個模式靠攏。

這並不只是頭銜的改變，更意味著權限的提升。長年以來，物理治療師並不能直接診療病患、給處方；需要醫師的診療後，認為有必要，病患拿著醫師的處方，找物理治療師進行治療。但取得物理治療博士（DPT）之後，就可以獨立診療病患並且開立處方，不再附屬於醫師。

對於有興趣在美國學習醫療專業，甚至進一步執業的年輕人

而言，有幾件事要特別注意：

　　首先，各國制度是有很大差別的。美國和台灣的醫療專業培訓模式有很大不同，切勿直觀地「想當然耳」加以猜測。

　　第二，就算是美國，制度也不斷在變化，而且有時相當快。最好要和專精、嫻熟於該國學制的留學顧問討論，以確保資訊是最新、正確的。

岡薩加大學以提供小班課堂和高水平的師資團隊而聞名。該校在法學、醫學及會計科系都頗負盛名，其中會計系學生擁有通過國家會計師考試最高的比例。運動管理學系，也是該校熱門的專業。照片由岡薩加大學提供。

　　第三，因為制度變化，前往留學的成本與效益、機會與限制，都會有所不同。例如，當專業學位向後延伸，常常對學生造成較重的經濟負擔，但未來工作的權限可能會增加。這些都需要加以考量。

2 申請美國醫學院，這條路寬大或崎嶇？

　　讀醫學院、當醫生，是不少台灣年輕人追求的職涯；而在此同時，不少家庭也希望孩子日後能移民美國。因此有些家長籌劃：讓孩子到美國讀醫科，日後直接在美國當醫生。這看似明快的計劃，是否合適呢？有多少限制與成本呢？

　　這些學生與家長們常問的問題，就在這篇文章中完整說明吧——要在美國讀醫學院，申請條件通常包括以下項目：

⊃ 國籍：美國公民的優勢

　　在全美國有 141 間醫科，其中大約有一半僅接受「美國公民身分」或具備「永久居留權」的申請者，甚至還會要求擁有美國大學畢業文憑。只有大約一半的醫學院會考慮國際學生。排名靠前的醫學院，多數能接受國際學生的申請。

　　但即便是接受國際學生申請的學校，國際學生的錄取率仍遠低於美國公民。在 2014 年的統計之中，各校醫學院國際學生通過申請的比例，鮮少超過 2%。許多醫學院，有數百國際學生申

請，其中不乏優秀學生，卻全軍覆沒。國際學生申請美國醫學院的難度，由此可見一斑。

在特定州，如果具備當州學生身分，申請當州公立學校、醫學院，會比外州生更具優勢。雖然醫學院錄取率大部分僅有個位數，但如果大學在當州就讀，就可多一分機會。

⊃ 大學基礎課程

在美國，大部分的醫學院都是「學士後」系統，也就是只招收大學畢業生。不過也有少數是高中畢業生可以直接進入的六至七年雙學位醫學院。美國的醫學院會期待申請者在前一階段修課有很高的平均成績（GPA），並且修過醫學相關基礎學科。

醫學相關基礎學科包括哪些呢？約翰・霍普金斯大學醫科列出以下科目：生物、數學（尤其是統計或微積分）、物理、普通化學、有機化學、生物化學、人文與社會學科。哈佛大學更要求至少一年期的寫作課程。

並不是課程名稱對了，學分就一定能算。有些很好的醫科會要求學生修的基礎科目必定要是某些課程編碼，代表著一定的深度與難度。同樣是生物學，開給主修生物的學生，和開給主修文社的學生，難度不同，編碼也會不同。各醫學院會列出期待學生修過課程與時數，通常大同小異。美國大學生若日後想讀醫科，常會選擇「醫學院預備科」（Pre-med）的路徑，確保可以修到

美國醫科入學需要的基礎科目以及必要的深度。

⊃ 語文與專業考試

　　正如要申請美國工程類、人文社會類研究所需要考 GRE，要申請醫學院也需要考專門的能力檢測：美國醫學院入學考試（Medical College Admission Test, MCAT）。澳洲、加拿大的醫學院，都要求申請者檢附這個考試成績。

⊃ 推薦信

　　申請美國學校，推薦信必是標準配備。舉哈佛大學醫科為例，它要求學生至少檢附兩封推薦信來自醫學相關科目的教授、一封來自醫學相關領域之外。如果學生在申請前有工作經驗，職場主管的推薦信也會有幫助。

⊃ 課外活動與經驗

　　美國醫科長期以來不僅注重智力方面的資格，也重視特質與志趣是否符合。學校常要求申請者在文件資料中證明自己明白醫療職業的實況、具有高度熱忱，而且具備合適的人格特質。

　　因此，哈佛大學醫學院要求申請者檢附以下資料：平時課外活動、暑假安排（例如實習、打工、志工等）、重要生活經驗、在醫療領域的參與經歷。

約翰・霍普金斯大學醫學院則希望挑出具備這些性質的學生：領導能力、多元才能、團隊工作能力、服務熱忱與人道主義胸懷。

⊃ 相當高昂的學費

在美國讀醫科要比台灣貴得多了。多數美國的醫科，光是學費，每年就得支出七萬到九萬美金，而且目前還在逐年上升。若是加上交通費、生活費，每年的支出將高達十萬美金，四年下來保守估計超過四十萬美金。若為了增加申請的成功率，加強語文能力、基礎醫學科目，到美國就讀大學，四年下來就是約三十萬美金的學費。

有些同學可能會誤判有美國籍就可享有學費優待，確實公立大學提供給州民的州內學費比起外州學費便宜，但當州州民不等同於當州學生，每一間大學有各自收費標準，申請前需細心查閱。

⊃ 大學學位

許多美國醫學院只接受「美國大學文憑」，甚至不接受社區大學的學分。建議有意赴美國學醫的同學們，可以美國本土大學作為第一步。此外如果早早就確認職涯方向，不妨將雙學位課程排在第一順位，雖然缺額少、競爭激烈，但可以及早確立未來發展。

　　從以上的要求看來，申請美國醫學院顯然是一件艱難的事情。不僅是語文檢測、修課成績、課外活動等條件，更包括極高的財務成本。

　　其實，如果要到美國開展醫療職涯，到美國讀醫科並非唯一的路，可以先在台灣讀完醫科，再到美國取得醫師執照，這在可行性上、成本效益上，可能都更加合適。

UIC 除了商學院外，還有醫療學院、教育學院、工學院、都市計劃學院、衛生學院、人文科學學院、護理學院、藥劑學院等 16 所學院。其中， UIC 商學院具有國際教學商業 & 會計認證 AACSB, 除了 MBA 外，還提供會計、管理系、商用分析和財務等課程。照片由 UIC 提供。

案例故事

「重新找到工作的價值」，跨領域赴英深造兒童遊戲治療

● 何同學

畢業於英國斯旺西大學兒童發展與遊戲治療碩士班
現於英國華語中心附設幼兒園擔任助教

自大學企管系畢業後，我從事商品銷售相關工作，做到第二年時，我就深感這不是我要的未來。我問自己：你難道就要這樣，做自己不喜歡的工作一輩子嗎？

其實，答案已經很清楚了。

於是我開始梳理我的內心與專業，詢問自己：你喜歡做什麼？最後我發現，與其一直面對商品，我更喜歡與人互動，尤其是小孩。

於是我決定要往幼兒相關的工作努力。

然而，我的企管系背景，對於我跨領域找幼教工作幫助不大。我必須從頭學習這個領域的專業知識，才能取得證照、找到相關工作。於是我計劃出國留學。

我上網找了很多資料，發現沒有幼教相關科系背景要申請研究所，幾乎是不可能的任務。我那期待又激

動的心，瞬間冷卻下來。但我知道不能就此放棄，於是我找了留學顧問，詢問有沒有其他可能性。

經由顧問的解說，我才知道原來幼兒相關科系相當多元，但受限於我沒有護理背景，多數幼兒相關科系都不會採用我的學經歷。是顧問費心替我找到了最佳選擇：兒童遊戲治療，讓我實現幼兒工作的夢想。

英國兒童遊戲治療科系不需要護理背景，且課程內容偏向心理研究層面，符合我的志向。只是要申請該科系，必須有幼教相關工作經驗。所以在顧問建議下，我辭了我不喜歡的工作，去幼兒園擔任助教。一年後，我人已在英國斯旺西大學（Swansea University）就讀碩士預備課程。

之所以會先就讀碩士預備課程，也是顧問的建議。透過該課程可以增加我的語言能力，同時課程還有寫作課，對於日後的碩士論文撰寫幫助極大。顧問也特別協助我申請了有附設碩士預備課程的學校，通過預備課程後，我可以無縫接軌碩士課程。這對我幫助非常大，因為碩士預備課程，我認識了幾個老師，更與他們建立了

良好的關係，讓我的英國校園生活更加順利。

　　對於我這個半路出家的人來說，剛進碩士班壓力真的很大，尤其看到其他同學都具備相關知識背景，我更知道自己得加倍努力，才能追上大家。我不僅花了很多時間精進語言，同時也利用課餘時間研讀相關書籍。

　　所幸皇天不負苦心人，我順利自碩士班畢業，現在已經在英國某華語中心附設幼兒園擔任助教！回想起來，我心懷感激當初顧問建議我就讀碩士預備課程。同時，我也謝謝那個不輕言放棄的自己，現在才能踏實地走在自己想走的人生道路上。

3 赴美取得醫學專業，只知道「當醫生」就太遜了

到美國從事醫療專業，是許多人的心願。但是依據我們多年觀察，許多家長對「醫療專業」的想像過於單薄，常常覺得除了醫生就沒有別的選項；也許是這樣的原因，台灣年輕人赴美投入醫療職涯時，路徑往往不夠多元。

由於美國醫療體系專業分工非常細，病患在診療過程中，常需接受各種專業人士服務，每種專業都受到尊重，而且和人們的健康福祉緊密相關。這些專業，都值得成為學生的選項。

美國醫療體系中專業眾多，其實根本說不完。在這篇文章之中，我們來看兩個具代表性的專業，概略描述一下它們的培養歷程與執業資格：

⊃ 藥師（Pharmacist）的培養與執業

藥師可獨立開店，也可以在大醫院的醫療團隊中服務。在醫院中，若遇到症狀複雜而嚴重的患者，醫生常需要仰賴藥師提供用藥的分析建議。在美國藥師平均的年薪大約 115,000 美金。

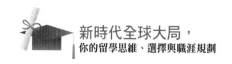

　　要取得藥師資格，需在大學階段修習相關基礎課程，並在大學畢業後，經過考試申請上藥學學院，並接受四年（少數是三年）的專業培育，才能取得藥學實務博士學位。在美國藥學教育認證組織（ACPE）網站上，已把所有提供藥學學位的學校，以及其入學要求都列出來，很值得參考。

　　在台灣已接受過藥學教育的年輕人，也可以到美國執業，其門檻包括：學歷認證、語言考試、專業考試，再加上藥師相關法規考試。

⊃ 牙醫師（Dentist）的培養與執業

　　在美國，看牙非常昂貴，沒有保險給付，很多人看不起牙。而我們都相當熟悉的牙醫師，在美國平均年薪大約 166, 910 美金。

　　牙醫的養成歷程，其實與醫師、藥師相近。也是在大學修習醫療相關課程，畢業後才能申請牙醫學院，相關資訊請參考美國牙醫教育協會（ADEA）及美國聯合牙醫學系申請網站（AADSAS）。

　　在牙醫學院歷程中，需要通過兩階段的資格考試，才能正式執業。在執業後，牙醫師可以進一步選擇次專科，深入發展專業。

　　在台灣接受過牙醫專業教育的年輕人，若有意願赴美國工作，程序也大致相同，包括：學歷認證、語言考試、專業考試，

位於美國密西根州底特律的底特律大學（University of Detroit Mercy），是最早創立於美國五大湖區（Great Lakes）旁的私立大學，有設立 7 年連讀的牙醫學課程，根據入讀的同學家長反饋，系所的資源與設備相當優良，對於孩子未來的牙醫之路相當有助益。美國牙醫學系申請，主要是傳統 4+ 4（大學 +學士後牙醫學系）外，另外還有競爭度更高的 7 年連讀牙醫學課程！

再以前述項目為基礎申請執照。

⊃ 萬路不離其宗

　　不知道讀者們有沒有發現，以上兩個專業的培養與執業歷程，是否很相似，而且和醫師也極為接近？

　　在本系列文章的第一篇，就曾經分析：美國現今的教育制度，

是將所有醫療專業訓練都放在學士後，也就是各種「實務博士」學位，例如醫師、牙醫、物理治療、職能治療、脊醫……在大學後接受三到四年的專業教育，經過執照考試，取得正式資格。

具有外國醫療學歷的人若要赴美國執業，無論哪一個專業，大致上門檻與歷程也都相近：學歷認證、語言考試、專業考試。

過去二十年，美國將這些醫療專業學位的架構都往同一個方向調整，只要了解任何一門醫療專業培訓與考照的方式，就可以類比推理其他專業，並不會差別太大。

◐ 醫療專業，路比想像得多

由於美國將醫療專業的正式培訓放在學士後階段，這也意味著，在大學沒有學習醫療專業的學生，也可以攻讀上述各種醫療的「實務博士」學位。

這些「實務博士」學位會要求申請的學生修過特定的基礎課程，但是並不看畢業學位，即使是文學院畢業的學生，只要補滿基礎學分，也可以申請，一樣有可能錄取。

美國醫療專業「實務博士」學位招生時，往往考量其興趣、人格特質、課外活動。例如物理治療學位很偏好有運動員背景、大學主修體育的學生；運動員的經驗對他們日後的執業有很大的幫助。

由於美國社會不像台灣那麼盛行學醫，醫師之外的醫療專業

又更不吸引年輕人，因此，申請難度相對不高。如果申請上，畢
業之後不但有收入豐厚的專業，而且身為專業人士，很容易申請
綠卡。確實特別值得想長期留在美國執業的同學們參考。

　　其實醫療產業的專業類別相當多樣，當醫師只是一種選項，
讀醫科也只是多種路徑中的一條。有意願到美國從事醫療專業的
同學、家長，可以抱持開放的心胸，多了解與構想。只要及早和
專業顧問諮詢討論，相信可以找到最適合您的路徑與方案。

4 不留學也可以當美國醫師？
當然！

「原來到美國讀醫科的門檻這麼高！」許多台灣的學生及其家長們都考慮過到美國當醫生的職涯，但是當他們理解了赴美學醫的難度，常常大為失望，以為這條路走不通了。

其實不必絕望。要在美國當醫生，不必從赴美國讀醫科開始；在台灣讀完醫科，同樣可以在美國取得執業資格。對於許多台灣學生來說，這一條路不需耗費這麼多的財力資源，是可行性較高的方案。

如果選擇這個路徑，所需經過的流程包括：

⊃ 申請學歷認證

在美國境外讀醫學院的人必須先寄成績單到各州的「醫學委員會」（Medical Board），進行學歷認證才能考執照。這並不是對教育品質有疑慮，他們的審核的基礎主要是授課時數。台灣的醫學大學與大學醫科，幾乎都得到承認。但若要保險起見，可向各州的醫療委員會查詢。

　　比方說，美國醫科的某門課需上滿 48 小時，但在台灣只上 36 小時，他們就會把你的學分數乘以 36 ／ 48。因為台灣許多實驗課只有一學分，與美國標準學分架構比較就會有所不足，學生得花錢、花時間補足學分後才能申請考試。也因為要預留時間補學分，我們常常建議學生及早做這一步，而不是要準備考試前才開始籌備。

　　另有一點提醒：寄到各州醫療委員會的學校成績單，得從大學寄出才行。若是由個人寄出，則一概不接受，重寄幾次都一樣。所以在學校的階段，務必要和系上職員熟識、和老師們打好關係，這樣比較容易拜託對方協助處理所有相關流程與繁瑣的要求。

⊃ 補足學分

　　當學生發現自己學分數短少，可以用任何管道補足，只要是得到承認的大學，無論線上課程或實體課程，學分都算數。

　　例如，美國的鳳凰城大學（University of Phoenix）就提供了大量的線上課程可以選擇。我們也知道有人是修菲律賓的線上大學，或是在美國當地社區大學拿學分。只要將學分補足，就可以得到同等學歷證明，也才能申請執照考試（USMLE）。

　　「美國醫師執照考試」（United States Medical Licensing Examination, USMLE）則分三個階段、四場考試，而且從畢業

前考到畢業後。美國的醫學生都在大學修過了自然科學，因此一進入醫科，立刻銜接醫科的核心學科，例如病理學、藥理學、解剖學……。在醫科的第二年，醫科學生就會參加 USMLE 第一階段的考試，醫學核心學科就是其中主要考科。這場考試的重點在於確認學生是否能夠將科學知識、基礎醫學概念靈活運用在醫療情境中。許多人認為這是醫師職涯中最關鍵的一次考試，原因不僅是因為若第一階段沒考過，將拖延後續的考試與學習，更因為美國醫界普遍認為，這場考試的成績最能預測學生未來在執業過程中的水準。若是通過考試，就再也不能透過重考取得更高的分數。低分或重考的記錄也將永久會打在履歷上，日後求職終生會受到其影響。

美國醫科最後一年，會參加執照考試的第二階段。這階段有兩個部分：

1. **臨床知識**（Clinical Knowledge, CK）：測試學生臨床情境在運用醫學知識時，不僅處理當前的症狀，更促進患者的長期健康，預防未發生的病症。測試的科目包括內科、兒科、手術、精神科等醫學主要科目。

2. **臨床診療技能**（Clinical Skills, CS）：在這場考試中，學生面對的不是紙筆答題，而是面對病人，仿照真實看診的典型情境，從互動問答中了解病情，並且基於醫學知識、思維訓練進行診療、下達處方建議。測試的重點包括：整體處置能力、英語流

暢度、溝通與人際關係技巧。

在第二階段的測驗通過後，醫學生四年醫科學業結束，拿到學位之後，申請進入醫院擔任住院醫師，在這個當口，前兩階段考試的成績，將會對醫院遴選決策產生重大影響。

執照考試的第三階段通常會在住院醫師階段的第一年底完成，這階段的考試重點在於是否能否獨立處理複雜而綜合的傷病，甚至在救護車中的緊急情境。這次考試是兩個整天，不僅是知識、能力，甚至也是體力的極大考驗。

這些考試相當嚴謹、困難，但對於多數努力又天份足夠的學生而言，並不會構成絕對的阻礙。事實上，USMLE 三階段四個考試，美國本地學生通過機率都超過九成，國際學生則是在七成到八成之間。

在考過 USMLE 三階段考試之後，可以向執業的州政府申請醫師執照。然而在取得一般性醫師執照後，卻還不能鬆懈，因為接下來仍是一場長期抗戰。

要注意的是，考試是聯邦辦的，但申請資格考試是要對州政府申請，必須要由州政府接受後再向聯邦提出，才可以參與執照考試。

➲ 執照考試

如上一篇所說，美國醫師執照有三階段，得依序通過三階段

考試，才能得到執照。其第一階段不必到美國考，在台灣也有設考場；通過之後，第二與第三階段就都需要在美國考試了。

在美國大約有一半的醫學院，得要美國國民才能入學。但是美國的醫師執照考試並沒有國籍限制，只要有醫學院學歷、學分補足就都可以考。

⊃ 申請執照

當學生通過三階段的美國醫師執照考試，並沒有自動取得醫師執照，而是滿足了其中一個要件。除了通過考試之外，還有別的條件需要滿足，而且這些條件在每個州並不完全相同。

例如，對於外籍醫師，就會要求語言能力證明；加州的醫療委員會就要求學生列出所有在畢業後所受的訓練，無論是實習醫師、住院醫師經驗，以評估是否符合資格條件。也例如，申請物理治療師執照時，則需要受過清創的訓練，申請者要檢附上過相關課程的證明，才可能拿到執照。

因為美國每州在申請執照上的門檻有所不同，因此許多人會策略性地向一個容易符合條件的州提出申請，拿到一個州所核發的執照後，要轉申請到另一州的執照，就非常容易了。

⊃ 住院醫師訓練

如果台灣的醫學院畢業生要到美國取得執照，得注意一件

事：美國承認外國醫學院，卻不承認外國住院醫師訓練。即使在台灣已經當上專科醫師，到美國取得執照後，仍需要在當地醫院從住院醫師做起，從新申請專科。

此外，大部分美國醫院都不會接受畢業超過十年的人申請住院醫生。也就是說，有些台灣相當資深的醫生，甚至升到主治，但因為畢業超過十年，如果想要到美國展開執業生涯，基本上是不太可能的了。因此，我們看到不少實際案例，台灣學生在醫學系畢業後，放棄台灣的住院醫師訓練，直接去美國發展。

美國申請醫師執照的規定與程序確實複雜，但並沒有高不可攀的門檻。如果及早安排規劃與準備，在台灣歷經重重考驗的醫學系畢業生，絕對都有潛力通過考驗。

另外，在台灣經過其他醫療專業訓練，例如職能治療、物理治療，都可以循相似流程，在美國取得執業資格。這篇文章無法一一細述，有興趣的讀者，歡迎和顧問們談談哦。

5 拿到學位卻仍不能執業？申請英國大學醫科，最常犯的錯誤

關於去英國攻讀醫療專業，一直是許多人夢寐以求的留學方向。以為只要出國讀書，尤其讀了醫療專業，就必然走向「幸福快樂的生活」。

其實留學是一件複雜的事，醫療更是在各國都受到高度管制，制度差異極大，不容許我們用「想當然耳」的方式看待。

多年來，我們看到許多學生在準備階段倉促成行、草率決策，花了大錢和好幾年的青春光陰，才發現沒有進入最適合的學校、科系，甚至人生規劃被打得支離破碎。以下，將近年來申請留學英國醫科常犯的錯誤列出來給大家參考：

⤷ 完成學位卻不能考照

數年前，台灣出現「波波醫生」爭議——波蘭開設了專門給外籍人士讀的醫學系，入學門檻甚低，其訓練嚴謹度比正規醫科大打折扣，而且在畢業後無法在當地取得執業資格。好些台灣留學生到波蘭進入這類醫學院就讀，回國後取得執照開始工作，引

發輿論尖刻批評,這些學生都承受了很多壓力。

在英國,也存在著這類「只收外國人,且無法在英國執業」的醫學院,同學們在申請前可得張開眼睛看清楚。

● 對大學領域三心二意

在英國,全國高中畢業生一致是通過「UCAS 大學申請平台」申請大學,申請截止日期在次年一月。每個人可以挑選五個科系投遞申請資料,而且寄給五個科系的必須是同一份資料;這同時意味著,學生在申請的五個科系得是相同的領域,才能針對明確的專業目標撰寫「個人陳述」(Personal Statement)。例如,若要申請醫學系,就只能容許四個選項,第五個選項通常是生物醫學或是其他醫療專業。「非醫不可」的學生,可以在第五個選項列入「提供大二內轉醫學系的學校」做為保底。

對於錄取門檻相當高的醫學領域來說,如果申請的學生目標未定,三心二意,沒有針對該科系的性質準備申請資料,幾乎只會全軍覆沒。所以,學生要對於自己的志向及早探索與準備。

● 太高估自己的申請優勢

在挑選申請大學的四個科系選項時,學生得有策略思維:有一個選項可以是稍高於自己的合理期待,兩個是和自己實力相近的選項,一個是保底的選項——如果考試成績不如預期,或是申

請不如預期順利，至少不會落得沒學校讀。

如果學生太高估自己的申請優勢，最後四個科系都沒有上，學生會進入「補錄程序」（UCAS Clearing）重新申請，而隨著時間過去，學校各科系逐漸招滿，也就喪失了進入理想志願的機會。

➲ 錯失時間爭取更好學校

在英國申請大學，先依志願寄出申請之後，最後可以保留兩個選擇，一個是第一志願（Firm Choice）另外一個就是底線學校（Insurance Choice），一般在三四月時會確認，之後在七八月IB 與 A-Level 考試成績出來，才會知道有無上理想大學。

正式成績公佈後，如果發現考試成績比預期的高，學生有五天的時間可以調整志願（Adjustment）。在這五天內要和原本沒有申請的學校聯繫詢問：「我的成績是如此，你們可不可以接受我？」

若科系接受了這位學生，他就可以上系統調整，改成申請這間學校。到第六天，系統開始處理補錄程序，就不能再更改志願。

申請醫學系的學生，除了要注意調整的時機之外，由於醫學院補錄缺額總是相對比較少，因此一開始的策略選擇更顯重要。

➲ 名校迷思

在台灣，許多人有「名校迷思」，甚至「非 X 大不讀」。

但英國只要是正統醫學院，教學品質沒有太大差別，當醫生之後有相同的執業資格，在英國都受到相同的敬重。所以，對學生來說真正重要的是拿到證照，是不是名校反而不是那麼重要的事。

在英國，其實不必太執著於學校的知名度。相對地，更需要重視的是學校的特色，以及是否和自己的志向、特質相符合。英國的學生在寄出申請資料之前，都要對自己申請的學校瞭若指掌，才可能在申請時說服教授：我就是最適合這個科系的學生。

⊃ 沒有考量到證照轉換

如果一個學生的專業是程式、數學，這類專業不需執照，在哪裡都可以工作。但醫學領域都是受管制的專業，得先拿到政府核發的證照才能執業。而證照往往基於學歷、實習、考試，這三者也需要政府認可，在 A 國積累的資格，到 B 國不一定承認。

到英國學習醫療的學生都要及早預想：你想要留在英國執業，還是想回台灣？所學的專業領域是否在台灣有對應的執照？你的學歷與經驗是否在台灣得到承認？並且得在留學之前，就全盤蒐集資料，做好評估規劃。

⊃ 對「醫師」身分的誤解

在台灣，「醫師」是一個有特殊身分地位的職業，不但在社會上得到特別的尊重，在醫療領域也常被認為高其他專業一籌。

　　但在英國就不見得是這樣了。醫師是許多受尊重的專業之一，專業之間通常平等看待；而在醫療場域中，醫生也和護理師、醫技師等其他專業在一樣的立足點上合作。

　　許多學生也沒考量到，醫師這個職業被規定不停地接受在職訓練、長期吸收、更新知識。如果不是一個愛好求知的人，不見得會喜歡醫師的職業模式。

　　正是因為申請學校連結著未來的專業發展，判斷和操作都非常複雜，所以常會需要有豐富經驗、對資訊全盤掌握的專業顧問提供協助。顧問該做的，並不是「代替」學生寫自傳、填表格，顧問最大的價值在於這幾件事：

- 幫助學生確認本身的特質、興趣、職業志向，與留學目標之間是否銜接匹配。
- 幫助學生確認所採取的策略、所走的途徑，是否確實有助達成留學目標。
- 幫助學生在確認目標與策略後，準確地投入時間心力與有限的資源。
- 可以避免學生走冤枉路、花冤枉錢。

「預先了解國外證照與學位銜接就是給自己省麻煩」，把未來就業規劃當作留學前置必備工作

● 徐同學

現讀澳洲新南威爾斯大學 JD 學位

看看我這個大學讀法律，卻在企管研究所畢業後於馬來西亞開了一間公司，販售行李箱，應該就能知道我對我的生涯規劃有許多想像。

只不過我對法律情有獨鍾，我始終相信，我的未來一定會跟法律相關，要不是商事非訟律師，不然就是某大企業的法律顧問。除了對法律情有獨鍾，我也希望自己將來可以跨出台灣，在國外落地生根。

因此，我開始研究，有哪些國家的法律課程是可以讓我在當地考照、工作。

在研究的同時，我發現英國的學士後法律文憑（PGDL）對我未來要在大英國協國家工作非常有幫助，我不必再重新花時間準備當地考試（或只需準備特定幾科）。加上這個文憑在歐美法律界有著舉足輕重的象徵，拿到該文憑，就等於對英國法律體系有著全面性的

了解。

　　顧問聽到我要考英國學士後法律文憑，也十分贊同，同時更建議我可以到澳洲就讀 JD。因為澳洲律師實習、工作機會多，也容易移民，加上我擁有英國學士後法律文憑，可在履歷上大大加分。

　　我會建議跟我一樣有法律夢的「準留學生」，一定要先了解一個基本原則：律師需要證照才能執業。所以畢業後能否在當地順利考照，或是考了照能否在其他地方換照，都是需要先做功課的。

　　在留學過程中，也建議大家尋求顧問的幫忙。以我為例，留學顧問幫助我快速了解所讀科系在當地求職需要具備的資格，以及回台轉換證照的條件。不僅幫我省下大量時間，還避免不必要的麻煩，像是選錯系無法在當地考照這樣的致命錯誤。

結語

環境大變化，留學效益如何最大化？

「顧問，我們希望小孩出國留學，可以有更開闊的視野。」

「我們認為小孩留學後，能有更多機會，施展自己的特質與潛力。」

「顧問，我們期待小孩因為留學而有更穩定的生活、更好的所得。」

上門洽談的父母親，總是懷著殷切的心、雙眼發光地對我們訴說這些期盼。

⊃ 現今留學三變因

為孩子著想，是每一位父母親的天性。但如今的留學環境，已今非昔比，與父母親舊時記憶大不相同；另一方面，對孩子來說，面對多元的選擇，以及對未來的迷惘，更需要有人引導、帶領，才能做出最適切的決定。

以下三個變因，是現在及未來會持續影響留學環境、選擇留學國與科系的重要因子：

更激烈的競爭

英國是許多家長針對低齡留學的首選，有紀律、有競爭力、有文化底蘊，是英國中學的特色。然而，英國中學光是本地人申請就已經非常競爭。加上 2021 年 1 月底開放英國國民（海外）護照（BNO）申請，要從香港出走的人們踴躍爭取，導致排名前

段的學校名額搶破頭，門檻大為提高。

　　此外，因為新冠肺炎疫情影響，許多學生延到疫情後申請留學。以美國來說，2022 年申請美國大學的學生數已經爆量，成為歷屆以來最難申請的一年。有些科系也因為時代變遷而變得更熱門，像是電腦科學，美國普渡大學（Purdue University）電腦科學系甚至明文規定不再接受校內轉系。

基督公學是一所歷史悠久的傳統名校，英皇愛德華六世於 1552 年創辦，學生成績優良而且以音樂聞名，校園佔地 1200 英畝，全校約 90% 學生都是住宿生。軍樂隊「Christ's Hospital Band」成立於 1868 年，每逢星期一至六中午都會在全校師生前舉行軍操儀式，是基督公學獨特的傳統。

基督公學別名為藍袍學校
（Blue Coat School）， 其
校服是世界上最早出現的校
服之一，校服設計自創校以
來改動不大。

更多的不確定性

　　新冠肺炎疫情期間，有些海外學校考量到學生因為確診或是
各種因素無法如期參加學校課程、考試，於是改用估算成績制度
（Predict Result），以預測成績做為最終成績。

往年來說，名校都會超收 30% 學生，再從 A-Level、IB 考試進行篩選，刷掉 30% 不到門檻的人。但疫情這兩年情勢特別，估算成績制度導致學校全面超收。校方為了控制學生數量，接下來二至三年的名額將會大幅減招。就我們所知，有些學校光是醫學系的國際生缺額已經直接砍半，此趨勢對名校影響尤其大。

更不用提疫情以來，許多學校因此倒閉。美國有 20% 的大學，在疫情期間因為招不到學生倒閉（大多為後段班學校）。前段班的名校申請大爆量，錄取率大幅調降。以紐約大學為例，2022 年申請人數較去年增加 5%，錄取率只有 12%；熱門的加州大學洛杉磯分校，2022 年錄取率只有 8.56%！

更複雜的簽證與執照規範

因為新冠肺炎疫情關係，全世界各個國家的簽證制度不斷調整，這種「動態簽證制度」，造成許多留學生的困擾。光是能否延長簽證、離境延長簽證，就讓學生搞得一頭霧水。甚至我們也遇過家長搞不清楚制度，以至於學生無法延長簽證，被迫離境。

⮕ 現今留學需要的八項指引

在這三個留學環境變因中，我們該如何找到留學的方向與目標？

有一個快三十歲的男生，有天走進我們辦公室，焦慮地問：

「顧問，那個……我成績不是很好，英文更是沒有及格過，我念了三間大學都沒畢業，我實在是不知道自己還可以做什麼……」

聽完他的敘述，我問他：「那你有特別想學的東西嗎？」他隨即回答：「我對服裝設計很有興趣，希望有機會到國外去就讀。但我功課真的很爛……」

我笑笑地跟他說別擔心。之後我們替他找了英國的語言學校，幫助他先將英文能力建立起來，再協助他編撰作品集，調整成英國校方會喜歡的格式與論述方式。

讓我們欣慰的是，這名自稱成績很不好的學生，後來以傑出成績（Distinction）從英國碩士班畢業。

我們發現，社會上對於成績不好的學生，往往會認定是學生的能力與資質有問題，而忽略了可能是學生被放在不對的跑道上，朝著他不擅長也不喜歡的方向奔跑。長久下來，自然是跑得又累又喘，又沒成就感。

我們相信每一個學生都有適合的位置，只是可能少了專業人士從旁協助，幫助他們找到自己的人生方向。當我們生病，會想去找醫師；有了法律糾紛，會去找律師。那當學生的求學方向出問題時呢？

從留學顧問的角度，在這個留學環境多變的時代，我們給予以下幾點方向與指引：

從多元角度看待選校決定

　　學校排名高低，自然是選擇的重點，但除此之外，選擇學校應該還要考慮該校表現突出的科系、地理位置、銜接職場可能性等因素。

更全面地評估留學地，做最適選擇

　　留學國家不再如以往只有侷限的選項，現在的留學國選項更加多元，不是只有英國或是美國可選。此外，考量層面也不應僅限於學術，畢業後在該國就業的可能性也應一併考量進去。

詳細確認簽證居留與職涯接軌規範

　　世界局勢不斷改變，各國的簽證制度也隨之動態調整，這是許多學生經常忽略的一個重點，可能導致簽證失效或申請失敗，而無法繼續留學。同時畢業後的職涯發展接軌，包含工作簽證，都是留學前需要詳加計劃的。

留學選擇，要考量長期職涯規劃

　　出國留學，不應只是覓個學位；應該還要考量自身職涯志趣、產業趨勢，進行整體考量後進行選擇。尤其現在科系愈來愈多，也愈來愈專精，選擇時需要更廣泛思考、研究，才能做出最適合自己未來發展的留學規劃。

徹底分析低齡留學考量與抉擇

年紀小出國留學，固然可以提早融入環境、吸收當地文化，語言能力也能快速成長。但是，家長也別忽略了小孩若非做好準備、有高度意願，孤身到國外留學，很容易適應不佳，產生被拋棄感。最好由專業留學顧問確認孩子的身心狀態是否符合低齡留學條件。

審慎評估能否負荷課業壓力，再選擇升學途徑

當今要接軌不同國家的學制，有多條路徑可選，「雙聯學制」就是其中一個。應該要先考慮學生是否可以負荷雙聯學制的沉重課程壓力，再決定選擇哪一條路徑。建議從孩子的優勢與志趣為起點，探討可以去哪些國家、科系，再來選擇合適的預備課程。

廣泛而有系統地結合專業與志趣

當志趣與專業結合，讀起書來就會更有勁也更不費力。雖然興趣當飯吃不是不可能，可是當興趣成為一門專業，如何與市場、社會銜接，會是一大挑戰，需慎重長期規劃。

讓留學效益延伸到家庭、事業

當家庭有拓展外國業務需求，或是在當地置產，甚至移民，往往會透過人在外國讀書的小孩進行協助規劃。我們建議有這類

艾德菲大學（Adelphi University）坐落於聞名遐邇的美國紐約長島，是這裡最古老的高等院校。離紐約市中心只有不到一個小時的地鐵路程，一共3個校區，Garden City 為主校區。照片由艾德菲大學提供。

需求的家庭，可以提早與學生溝通好，如此也可以幫助學生建立未來努力方向與目標。

➲ 找到合適留學路

在我們辦公室，來自不同家庭、背景的學生，來來去去。有時會碰到看起來有點沮喪，期待改變人生方向的孩子，對我們訴

說他在台灣求學如何受挫，或是感興趣的志向，在台灣沒有發展空間。

不僅孩子遭受打擊，家長也是懷抱著焦慮的心，請我們幫忙，替他們的孩子找到一條合適的留學路。

我們總是以堅定的眼神，對家長或是學生說：「請相信，世界很大，教育管道與方法很多，每一位孩子，都一定可以找到最適合自己的人生道路，在求學與職涯的道路上，堅定且自信地昂首闊步。」

同時我們也提醒，由於選項眾多、複雜、快速變化，家長與學生要審慎評估各項變因、風險與挑戰。身為留學顧問，我們的角色就是幫助每一位孩子，找到人生方向、做出最適切的決定，降低風險，並一一化解每一個挑戰。

如果你想要離開舒適圈，到國外追求人生夢想。恭喜你，當有這樣想法時，你已經成功了一半。

剩下的一半，我們陪你走完。

附錄

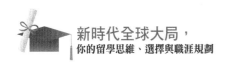
台灣、美國、英國學制大不相同

美國		臺灣		英國		年齡
					一年級	5-6 歲
國小	一年級	國小	一年級	國小	二年級	
	二年級		二年級		三年級	
	三年級		三年級		四年級	
	四年級		四年級		五年級	
	五年級		五年級		六年級	10-11 歲
國中	六年級		六年級	國中	七年級	
	七年級	國中	七年級		八年級	
	八年級		八年級		九年級	13-14 歲
高中	九年級		九年級	GCSE 普考課程	十年級	
	十年級	高中	十年級		十一年級	15-16 歲
	十一年級		十一年級	Sixth form A-level 高考課程	十二年級	
	十二年級		十二年級		十三年級	17-18 歲
大學	一年級	大學	一年級	大學	一年級	
	二年級		二年級		二年級	
	三年級		三年級		三年級	20-21 歲
	四年級		四年級	碩士	一年級	21-22 歲
碩士	一年級	碩士	一年級	博士 3 年或以上	1	
	二年級		二年級		2	
博士 3 年或以上	1	博士	1		3	
	2		2			
	3		3			

國際橋樑課程——美國

橋樑課程究竟是什麼？

學生在大學申請時，英文程度尚未達到入學門檻，但是其他學術條件已達門檻，部分學校針對這樣的學生，核發條件式入學許可（Conditional Offer）。學生需要先進入當該校的語言中心完成英文課程，通過考試之後，即可不需重新申請，直接成為該校的正式學生，開始進入大學或研究所課程就讀。這類課程稱之為「大學銜接橋樑課程」（University Pathway Program）與「研究所銜接橋樑課程」（Postgraduate Pathway Program）。根據語言能力，學生可以同時修部分的學分，盡可能縮短修業時間。

常見的誤解：橋樑課程是給程度不好的學生？

常有學生與家長詢問，如果選擇橋樑課程，是不是與名校絕緣？其實蠻多美國名校也是有橋樑課程的。

以《美國新聞與世界》（*U.S. NEWS & World Report*）發佈的美國大學排名為例：

Top 50 的學校中，南加大（University of Southern California, 簡稱 USC）、東北大學（Northeastern University）、波士頓大學（Boston University, 簡稱 BU）、麻薩諸塞大學阿默斯特分校（University of Massachusetts Amherst, 簡稱 UMass Amherst）部

分課程有提供橋樑課程條件式入學。

　　Top 100 的學校裡，美利堅大學、伊利諾大學芝加哥分校、奧本大學、岡薩加大學部分課程有提供橋樑課程條件式入學。

　　目前大多數的條件式入學學校，集中在 100 至 200 名之間，對比美國 4 千多所大專院校，等於是前 5% 的學校，在全球排行也是不差的。

申請相關資訊

● 台灣高中申請至美國大學

　　如果沒有達到大學直接入學標準，部分學校可以提供語言課程或是橋樑課程，逐步銜接到大學課程。

美國大學入學方式	直接入學 Direct Entry	學術銜接課程（橋梁課程）Undergraduate Pathway	社區大學 Community College
建議學術資格	參考落點： 全美 Top 25 ・GPA:3.5+ ・TOFEL/IELTS:100+/7.5+ ・SAT/ACT: 1450+/31+ 全美 Top 50 ・GPA:3.25+ ・TOFEL/IELTS:90+/7.0+ ・SAT/ACT: 1350+/28+ 全美 Top 100 ・GPA:3.0+ ・TOFEL/IELTS:80+/6.5+ ・SAT/ACT: 1220+/25+	・學術成績不足直入門檻 ・語言不足直入門檻 ・部分學校免 TOFEL（學校入學測驗代替） ・部分學校免 SAT	・免 TOFEL（學校入學測驗代替） ・不要求 SAT ・最低申請年齡為 16 歲（ex. 華盛頓州） ・副學士學位 ・「2+2」轉學規劃
語言課	×	學校有提供語言課，協助銜接到目標課程。	

- **大學轉學課程** University Transfer Program

　　美國名校越來越難申請，轉學成為進入名校的另一個途徑。如果確定未來要轉學到其他學校的大三大四，直接申請轉大學轉學課程，搭配學校所提供的學習顧問（Advisor），協助學生轉學進入名校。

　　範例：近年美國百大名校美利堅大學（American University）設計的菁英大學轉學學分課程 American Collegiate DC（ACDC），就是這樣的課程。學生可以透過這 1 至 2 年的學習，培養自己對專業領域的興趣，提高自身的 GPA，轉入前 50 的名校。

- **社區大學** Community College

　　提供大學前兩年的基本必修學分與教育基礎，畢業後可取得副學士學位，並轉入美國大學大三課程，繼續完成後兩年的專業學分取得學士學位。多數社區大學和四年制大學簽有轉學協議，讓學生更容易轉入。

　　例如加州大學系統就與許多社區大學簽訂 TAG（Transfer Admission Guarantee/Agreement）只要學生符合要求，就會有很高的機率直接轉入加州大學系統下的學校。學費相對便宜且入學門檻較低，但是升學輔導普遍較弱，適合有自制力的學生。

　　範例：近年有專為社區大學提供專業輔導計劃的「大學橋社區大學計劃」（University of Bridge），具備有社大轉學協議的優勢同時補強社區大學升學輔導的弱點。

● **台灣大學申請至美國研究所就讀**

如果沒有達到研究所直接入學標準，但學術成績有達標，部分學校可以提供語言課程，逐步銜接到研究所課程。

美國研究所 入學方式	直接入學 Direct Entry	研究所銜接橋樑課程 Postgraduate Pathway
建議學術 資格	參考落點 **全美 Top 25** · GPA: 3.5+ · TOFEL/IELTS: 100+/7.5+ · GRE/GMAT: 320+/650+ **全美 Top 50** · GPA: 3.25+ · TOFEL/IELTS: 90+/7.0+ · GRE/GMAT: 310+/600+ **全美 Top 100** · GPA: 3.0+ · TOFEL/IELTS: 80+/6.5+ · GRE/GMAT: 300+/550+	· 學術成績 / 語言不足 　直入門檻 · 部分學校免 TOFEL 　（學校入學測驗代替） · 部分學校免 GRE/ 　GMAT
語言課	✕	學校有提供語言課，協助銜接到目標課程。

國際橋樑課程——英國

年齡	台灣學制		英國學制		國際銜接課程
5-6 歲			Preparatory School	Year 1	
6-7 歲	國小	一年級		Year 2	
7-8 歲		二年級		Year 3	
8-9 歲		三年級		Year 4	
9-10 歲		四年級		Year 5	
10-11 歲		五年級		Year 6	
11-12 歲		六年級	Senior School	Year 7（11+ 入學）	
12-13 歲	國中	七年級		Year 8	
13-14 歲		八年級		Year 9	Pre-GCSE
14-15 歲		九年級	GCSE	Year 10	Pre-GCSE
15-16 歲	高中	高一		Year 11	IGCSE/ Pre-6th form（Pre-A-level）
16-17 歲		高二	Sixthform A-level/IB	Year 12	
17-18 歲		高三		Year 13	International Foundation Year
18-19 歲	大學	一年級	大學	一年級	International Foundation / International Year One
19-20 歲		二年級		二年級	
20-21 歲		三年級		三年級	
21-22 歲		四年級	研究所	一年	Pre-Master
22-23 歲	研究所	一年級	博士	3-5 年	
23-24 歲		二年級			
25+	博士	3-5 年			

高中以下的橋樑課程

　　英國私立中學是出了名的競爭，學生年級越高，入學門檻也越高。即使在英國當地，私立中學的考試準備參考書也是書架上的熱門書籍。畢竟，教育是一輩子的事，多數家長都希望提供孩子良好的教育環境。對於國際學生來說，要提高進入優質中學的機會，是需要一點策略。

　　國內家長普遍對於美國學制比較熟悉，英國學制相對比較陌生，英國中學的最佳入學年齡主要如下：

● **13 歲（9 年級）＝台灣的國一**

　　是獨立中學標準的入學時間，像是英國名校 Eton College、Harrow School 都是提供 9 至 13 年級的課程。

● **14 歲（10 年級）＝台灣的國二**

　　10 至 11 年級是 GCSE（General Certificate of Secondary Education）課程，程度和要求都比台灣國中畢業生要高，教育部認定是等同於台灣的高中。

● **16 歲 （12 年級）＝台灣的高二**

　　12 至 13 年級是 A-level（GCE Advanced Levels）或 IB（International Baccalaureate）課程。

　　但是，在台灣國中畢業是滿 15 歲，也就是英國的 11 年級，這階段的學校是不接受插班的，因為 11 年級的第三學期就要正式 GCSE 的考試了。所以通常會建議這階段的學生，參加提早 1

至 2 年入學（9 或 10 年級），或延後一年入學（12 年級）的入學考試，或是參加一年中學國際橋樑課程。

11 年級的中學國際橋樑課程主要為：一年制 IGCSE 課程與第六學級準備（Pre-sixthform）課程。通常一年制 IGCSE 課程學術門檻較高，因為第二年會需要參加 6 門 GCSE 考試。第六學級準備課程，沒有硬性規定需要參加幾門考試，學生可以用預測成績（predicted result）申請第六學級課程。

部分英國私立中學設有國際學習中心（International Study Centre, ISC），提供中學預備課程，課程有以下特色：

● **與主校區學生共用資源**

國際學習中心的學生與主校區的學生共用運動場、健身房、會議廳、劇場、教堂、圖書館、餐廳等。

● **輔助學生適應**

任職的老師，都持有專門教授 ESL 證書，有多年國際學生專業課程教學經驗，可以幫助同學適應寄宿、學習生活。住宿中學們相當願意接受這些中心畢業的學生，因為同學們不僅英文達標準，也適應住宿生活與學習模式。在升學上，更有競爭力進入心儀的學校，是國際學生成功進入菁英中學的跳板。

● **克服學制銜接**

國內國中畢業 15 歲是英國的 11 年級，學校這階段不接受轉學、插班，所以多半提出的選擇為降讀，或是讀一年銜接課程，

同時準備第六學級（Year 12/13）的入學考試。

● **語言能力差一點／學術門檻差一點**

　　對這些「差一點點」的同學，ISC 可以達到補強效果，幫助同學達到目標學校的門檻。

　　提醒家長，ISC 是一個選項，但是如何挑選合格的 ISC，成為另一個問題。顧問發現，經歷過 ISC 課程的學生們（11 歲以上）銜接到主課的適應力比較強，學術表現也比較出色，這也是未來升學的保證。國際學習中心並非必要的選項，但是對於國際學生，尤其是沒有國際學校學習經驗的同學，的確是初入英國教育系統的好選擇。

設有 ISC 的熱門學校如下：（名單當然不止）

　　博士山中學 Box Hill School

　　德沃布里克斯中學 d'Overbroeck's College

　　國王伊利學院 King's International Study Centre Ely

　　國王坎特伯里學院 King's International Study Centre Canterbury

　　米爾希爾學校 Mill Hill School

　　莫頓霍爾學校 Moreton Hall School

　　謝伯恩國際學院 Sherborne International School

　　羅素中學國際學院 Rossall School International School

　　講到高年級升學，一定要談到英國私立中學的兩個系統：

傳統住宿中學的的第六學級（Sixth form）與升學準備的預科學校（Sixth-Form College）。兩種型態的學校各有優缺點，簡單來說：

- **傳統的住宿中學第六學級課程**

  有漂亮的校園、校服、宿舍、運動設施多元、課外活動豐富。入學的門檻高，至少需要提前一年報考。如果是就讀於國內的國際學校，銜接傳統中學的 A-level 或是 IB 是比較沒問題的。

- **升學準備的預科學校**

  沒有校園、不用制服、宿舍多半是單人套房、運動設施不多，課外活動少。入學門檻彈性比較大，學生比較多元，有年齡大的重考生，也有國內高中畢業，為了銜接一流大學，去就讀的同學。適合要專心學習衝刺考大學的學生，學校的重點在於學習，讀書的氛圍濃厚。如果就讀或是畢業於國內公私立學校，未經過國際教育的洗禮的學生，預科學校相對比較適合。

高中升大學

英國國際預科屬於大學前的預備教育，適合「語言能力差一點」、「專業基礎缺一些」與「教育體制不一樣」的同學們。

英國大學前教育為 13 年學制，台灣則為 12 年，因此台灣高中畢業與高二肄業生入讀英國大學前，需就讀一個國際學生開設的「國際預科」課程，以補足學制的差距，為進入英國三年制的

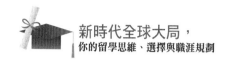

密集大學課程做好準備。

在「國際預科」的挑選上，顧問會依據學生的職涯規劃，挑選不同學習路徑，推薦未來銜接的課程與 建議學校。學生一旦選定「國際預科」類別，日後的大學主修科系也因此定位，很少有機會讓學生重新跨領域選科系，英國也不容易轉學，因此選對領域就定位很重要。

- **「國際預科」主要有以下領域：**
  - **商業與社會**：未來主修 經濟、政治、心理學等適用。
  - **數學與工程**：未來主修 物理、土木、電子工程等適用。
  - **藝術設計**：未來主修 時尚、插畫、平面設計等適用。
  - **生物醫學領域**：特殊領域如建築、醫學與牙醫──少數學校會開設特定的「國際預科」課程，供有志者就讀。不過需要提醒，接受「醫學預科」的醫學系數量不多，有志於醫學、牙醫學、獸醫學等領域，建議改就讀英國高中 A-level，學校選擇會比較多。

部分學校，針對學術成績較佳，職涯方向確認的學生，有「國際大一」這個課程選項。學術程度等同大學一年級，專為年滿 18 歲的國際留學生銜接英國大學相關科系的二年級，可視為英國大學有條件錄取，只要校內成績達標，就可以升讀大二。

- **英國部分國際預科╱國際大一的熱門大學**

2022 全球前兩百大大學

- 倫敦大學學院 University College London（UCL） QS 世界大學排名 8

- 愛丁堡大學 University of Edinburgh QS 世界大學排名 16

- 曼徹斯特大學 University of Manchester QS 世界大學排名 27

- 倫敦國王學院 King's College London （KCL） QS 世界大學排名 35

- 布里斯托大學 University of Bristol QS 世界大學排名 62

- 格拉斯哥大學 University of Glasgow QS 世界大學排名 73

- 南安普敦大學 University of Southampton QS 世界大學排名 77

- 杜倫大學 Durham University QS 世界大學排名 82

- 伯明翰大學 University of Birmingham QS 世界大學排名 90

- 聖安德魯斯大學 University of St Andrews QS 世界大學排名 91

- 利茲大學 University of Leeds QS 世界大學排名 92

- 雪菲爾大學 University of Sheffield QS 世界大學排名 95

- 諾丁漢大學 University of Nottingham QS 世界大學排名 103

- 倫敦瑪麗王后大學 Queen Mary，University of London QS 世界大學排名 117

- 蘭卡斯特大學 Lancaster University　QS 世界大學排名 132
- 新堡大學 Newcastle University　QS 世界大學排名 134
- 艾希特大學 University of Exeter　QS 世界大學排名 149
- 卡地夫大學 Cardiff University　QS 世界大學排名 151
- 約克大學 University of York　QS 世界大學排名 151
- 巴斯大學 University of Bath　QS 世界大學排名 166
- 利物浦大學 University of Liverpool　QS 世界大學排名 189

英國著名商學院（有銜接課程）

- 曼徹斯特大學曼徹斯特商學院（Manchester Business School，University of Manchester）
- 蘭卡斯特大學管理學院（Lancaster University Management School）
- 巴斯大學管理學院（University of Bath School of Management）
- 雷丁大學亨利商學院（Henley Business School，University of Reading ）
- 倫敦城市大學貝葉斯商學院（Bayes Business School，City University）前稱卡斯商學院（Cass Business School）
- 杜倫大學商學院（Durham school of business，University of Durham）
- 伯明翰商學院（Birmingham Business School，University of

Birmingham）

- 里茲大學商學院（Leeds University Business School）

英國醫學院預科（醫學、牙醫、獸醫）

- 中央蘭開夏大學 University of Central Lancashire（簡稱 UCLan） 醫學預科課程
- 布里斯托大學 University of Bristol 牙醫學預科課程
- 雪菲爾大學 University of Sheffield 牙醫學預科課程
- 卡地夫大學 Cardiff University 醫學預科課程
- 薩里大學 University of Surrey 獸醫學預科課程

大學升碩士

大學成績不理想，是否就跟碩士絕緣？

對於大學畢業生，如果英語能力或學術能力略低於目標碩士課程入學門檻，可透過碩士預備課程 （Pre-Master/Graduate Diploma），補強其不足，升讀理想碩士學位課程。

五專畢業有一定工作經驗的學生，可透過碩士預備課程，直接攻讀碩士學位。如果想要轉換專業，透過相關碩士預備課程，可以補強其學術資歷，入讀相關碩士課程進修。

碩士預備課程為期三個月至一年不等，完成後可銜接一年制碩士課程。不過需要注意，該學歷只被相關大學承認，其他國家

是有可能不接受的。因此挑選學校與課程要注意。

- **英國部分碩士預備課程的熱門大學**

2022 全球前兩百大大學

- 倫敦大學學院 University College London （UCL） QS 世界大學排名 8
- 愛丁堡大學 University of Edinburgh QS 世界大學排名 16
- 曼徹斯特大學 University of Manchester QS 世界大學排名 27
- 倫敦國王學院 King's College London （KCL） QS 世界大學排名 35
- 布里斯托大學 University of Bristol QS 世界大學排名 62
- 格拉斯哥大學 University of Glasgow QS 世界大學排名 73
- 南安普敦大學 University of Southampton QS 世界大學排名 77
- 杜倫大學 Durham University QS 世界大學排名 82
- 伯明翰大學 University of Birmingham QS 世界大學排名 90
- 聖安德魯斯大學 University of St Andrews QS 世界大學排名 91
- 利茲大學 University of Leeds QS 世界大學排名 92
- 雪菲爾大學 University of Sheffield QS 世界大學排名 95
- 諾丁漢大學 University of Nottingham QS 世界大學排名 103
- 倫敦瑪麗王后大學 Queen Mary，University of London QS 世界大學排名 117
- 蘭卡斯特大學 Lancaster University QS 世界大學排名 132

- 新堡大學 Newcastle University　QS 世界大學排名 134
- 艾希特大學 University of Exeter　QS 世界大學排名 149
- 卡地夫大學 Cardiff University　QS 世界大學排名 151
- 約克大學 University of York　QS 世界大學排名 151
- 巴斯大學 University of Bath　QS 世界大學排名 166
- 利物浦大學 University of Liverpool　QS 世界大學排名 189

留學預算評估——英美

美國留學預算表

美國留學費用會因為公私立、所在城市、修課時間長短及學院等因素而有差別。通則來說，私立比公立貴，商學院較貴，修課時間越長花費越高，大城市生活費比較高。

據「College Board」2022 年的分析，以四年大學制的學生來說（2022 至 2023 學年）唸公立大學平均學雜費預算為 US$45,240；私立大學平均預算為 US$57,570，基本上學雜費每學年度會微幅調升。更便宜選項如「兩年制社區大學」，學雜費預算每年約 US$19,230，修畢會得到副學士學位。

由於學費本身比較固定，相對容易控制支出的部分是生活費，而生活費也會因為所在城市不同而不同，下表整理出幾個美國主要留學城市的生活費：

區域	城市	生活費（不包括房租）
東岸	紐約 New York	1412.83
	波士頓 Boston	1216.21
	費城 Philadelphia	1081.98
西岸	西雅圖 Seattle	1288.32
	舊金山 San Francisco	1370.83
	洛杉磯 Los Angeles	1091.02

區域	城市	生活費（不包括房租）
南岸	達拉斯 Dallas	1059.42
	邁阿密 Miami	1150.1
	休士頓 Houston	927.41

*參考資料來源：2022 Numbero 資料

*註：本表僅考慮基本生活開銷，不包含額外的娛樂、保險、醫療等費用。

每月生活費可參考下列細項去估算：

- 暖氣費：US$50-100

- 網路費：US$45-50

- 電話費：US$50

- 水費、清潔費：三個月 US$50-75

- 電費：US$50-100；冬天使用電暖器時，電費會增加

- 伙食費：US$300-500

- 交通費：US$45-100 另外，建議再額外準備 US$2,000 左右的緊急備用金，以防有意外或突發疾病發生。除了學雜費以外，生活費因城市與個人消費習慣而有所差別。

保守估計，美國留學費用一年最好有 8 萬美金預算，四年大學最好有 30 萬美金會比較充裕。當然，挑選公立大學，生活費比較便宜的州，留學費用是可以降到一年 6 萬美金左右。

英國留學預算表

在英國留學費用會取決於學校的課程、設施和所在地區的生活費有所差異。每年課程費用一般為￡12,500 至￡30,000 英鎊不等。碩士學費會根據學校不同的科系而有所不同，像是商學院 MBA 費用特別高一些，如南安普頓大學的學費是￡28,000 英鎊，而頂尖學校，如牛津的學費大約在￡71,540 英鎊。醫學課程費用較高，一般為￡22,900 至￡52,000 英鎊不等。具體學費依學校與課程而定。

由於英國各地區的生活指數不同，而分成倫敦區和非倫敦區兩大種類，英國官方亦要求學生出國前預先準備九個月的生活費，根據 2022 年的標準，每月費用為￡1,334（倫敦區）及￡1,023（非倫敦區）英鎊。住宿費的部分，依照學生的需求 ── 雅房、套房、單人公寓等會影響預算。一般來說，英國碩士學位為一年修業時間，大學學位為三年修業時間，一年總花費大約是在￡31,500 至￡39,400 英鎊左右。

根據 2022 年英國獨立學校理事會（The Independent Schools Council，簡稱 ISC）資料顯示，英國住宿中學一年的平均費用，低年級（7 至 11 歲）￡26,052、高年級（11 至 16 歲）￡35,352、第六級學院又名「預科書院」（16 至 18 歲）￡35,352，具體學費確定學校而定。未成年學生的監護費用一年￡1,500 到￡5,500 不等，另外有短假住宿的花費，一年最好有 8 萬英鎊的預算。

留學預算評估──日本

日本留學（包含大學、研究所、語言學校、專門學校），第一年必須支付的平均註冊費和學費如下。

下表費用不包含考試費及教材費用。

	國立	公立	私立 （醫學、牙科、藥學除外）	私立 （醫學、牙科、藥學）
大學	約 820,000 日幣	約 930,000 日幣	約 1,100,000 日幣	約 3,200,000 日幣
研究所	約 820,000 日幣	約 900,000 日幣	約 1,100,000 日幣	約 850,000 日幣

專門學校	約 890,000 日幣
語言學校	約 680,000 日幣

日本一個月的生活費用估計如下（包含住宿費、食材費、生活娛樂雜費等）。

排名	地區	費用
1	東京	108,000 日幣
2	關東（包含埼玉縣、千葉縣、神奈川縣等）	103,000 日幣
3	北海道	93,000 日幣

排名	地區	費用
4	東北（包含青森縣、岩手縣、宮城縣、福島縣等）	92,000 日幣
5	近畿（包含大阪、京都等）	89,000 日幣
6	中部（包含新瀉縣、富山縣、長野縣、靜岡縣、愛知縣等）	82,000 日幣
7	中國（包含岡山縣、廣島縣、山口縣等）	82,000 日幣
8	四國	75,000 日幣
9	九州（包含福岡縣、長崎縣、熊本縣等）	73,000 日幣

＊參考資料來源：

1.日本文部科學省，各大國公私立大學院校等令和3年度（2021年）入學者之學生繳費金額等調查結果。

2.獨立行政法人日本學生支援機構（JASSO），令和3年度(2021年)自費留學生生活狀況調查。

國家圖書館出版品預行編目(CIP)資料

新時代全球大局,你的留學思維、選擇與職涯規劃/陳珊貝(Beryl
Chen)作. -- 初版. -- 臺北市:商周出版:英屬蓋曼群島商家庭傳
媒股份有限公司城邦分公司發行, 2022.11
　　面;　　公分

ISBN　978-626-318-450-3（平裝）

1.留學教育　2.生涯規劃

529.2　　　　　　　　　　　　　　　　　　111016104

新時代全球大局，你的留學思維、選擇與職涯規劃

作　　　　者/陳珊貝 Beryl Chen
撰　　　　文/謝宇程、洪孟樊
責 任 編 輯/黃筠婷

版　　　　權/江欣瑜、林易萱、吳亭儀
行 銷 業 務/林秀津、黃崇華、周佑潔
總　編　輯/程鳳儀
總　經　理/彭之琬
事業群總經理/黃淑貞
發　行　人/何飛鵬
法 律 顧 問/元禾法律事務所　王子文律師
出　　　　版/商周出版
　　　　　　城邦文化事業股份有限公司
　　　　　　台北市中山區民生東路二段141號9樓
　　　　　　電話：(02) 2500-7008　傳真：(02) 2500-7759
　　　　　　E-mail：bwp.service@cite.com.tw
發　　　　行/英屬蓋曼群島商家庭傳媒股份有限公司　城邦分公司
聯 絡 地 址/台北市中山區民生東路二段141號2樓
　　　　　　書虫客服服務專線：(02)25007718‧(02)25007719
　　　　　　24小時傳真服務：(02)25001990‧(02)25001991
　　　　　　服務時間：週一至週五09:30-12:00‧13:30-17:00
　　　　　　郵撥帳號：19863813　戶名：書虫股份有限公司
　　　　　　讀者服務信箱E-mail：service@readingclub.com.tw
　　　　　　城邦讀書花園www.cite.com.tw
香港發行所/城邦（香港）出版集團有限公司
　　　　　　香港灣仔駱克道193號東超商業中心1樓
　　　　　　電話：(852) 25086231　傳真：(852) 25789337
　　　　　　E-mail：hkcite@biznetvigator.com
馬新發行所/城邦（馬新）出版集團【Cite (M) Sdn Bhd】
　　　　　　Cite (M) Sdn Bhd
　　　　　　41, Jalan Radin Anum, Bandar Baru Sri Petaling,
　　　　　　57000 Kuala Lumpur, Malaysia.
　　　　　　電話：(603)9057-8822　傳真：(603)9057-6622　Email: services@cite.my

封 面 設 計/徐璽工作室
電 腦 排 版/唯翔工作室
印　　　　刷/韋懋實業有限公司
總　經　銷/聯合發行股份有限公司　　電話：(02)2917-8022　　傳真：(02)2911-0053
　　　　　　地址：新北市新店區寶橋路235巷6弄6號2樓

■ 2022年11月初版　　　　　　　　　　　　　　　　　Printed in Taiwan

定價／450元

城邦讀書花園
www.cite.com.tw

ISBN　978-626-318-450-3

廣　告　回　函
北區郵政管理登記證
北 臺 字 第 10158 號
郵資已付，免貼郵票

10480　台北市民生東路二段141號9樓

英屬蓋曼群島商家庭傳媒股份有限公司城邦分公司　收

- -

請沿虛線對摺，謝謝！

書號：BH6106	書名：新時代全球大局，你的留學思維、選擇與職涯規劃

 商周出版

讀者回函卡

線上版回函卡

感謝您購買我們出版的書籍！請費心填寫此回函卡，我們將不定期寄上城邦集團最新的出版訊息。

姓名：＿＿＿＿＿＿＿＿＿＿＿＿＿＿＿＿＿＿ 性別：□男 □女

生日：西元＿＿＿＿＿＿年＿＿＿＿＿月＿＿＿＿＿日

地址：＿＿＿＿＿＿＿＿＿＿＿＿＿＿＿＿＿＿＿＿＿＿

聯絡電話：＿＿＿＿＿＿＿＿＿＿ 傳真：＿＿＿＿＿＿＿＿

E-mail ：

學歷：□ 1. 小學 □ 2. 國中 □ 3. 高中 □ 4. 大學 □ 5. 研究所以上

職業：□ 1. 學生 □ 2. 軍公教 □ 3. 服務 □ 4. 金融 □ 5. 製造 □ 6. 資訊

　　　□ 7. 傳播 □ 8. 自由業 □ 9. 農漁牧 □ 10. 家管 □ 11. 退休

　　　□ 12. 其他＿＿＿＿＿＿＿＿＿＿＿＿＿＿＿＿＿

您從何種方式得知本書消息？

　　　□ 1. 書店 □ 2. 網路 □ 3. 報紙 □ 4. 雜誌 □ 5. 廣播 □ 6. 電視

　　　□ 7. 親友推薦 □ 8. 其他＿＿＿＿＿＿＿＿＿＿

您通常以何種方式購書？

　　　□ 1. 書店 □ 2. 網路 □ 3. 傳真訂購 □ 4. 郵局劃撥 □ 5. 其他＿＿＿＿

您喜歡閱讀那些類別的書籍？

　　　□ 1. 財經商業 □ 2. 自然科學 □ 3. 歷史 □ 4. 法律 □ 5. 文學

　　　□ 6. 休閒旅遊 □ 7. 小說 □ 8. 人物傳記 □ 9. 生活、勵志 □ 10. 其他

對我們的建議：＿＿＿＿＿＿＿＿＿＿＿＿＿＿＿＿＿＿＿

＿＿＿＿＿＿＿＿＿＿＿＿＿＿＿＿＿＿＿＿＿＿＿＿＿＿＿＿

＿＿＿＿＿＿＿＿＿＿＿＿＿＿＿＿＿＿＿＿＿＿＿＿＿＿＿＿